白白 II

自白Ⅱ　GACKT

目次

第一章　活動休止

これまで50歳という年齢に持っていたイメージは〝人生の終わり〟。織田信長の《人生五十年》という言葉をどこかで意識していた。だが、《人生五十年》とは50年しか生きられないという意味ではなく、『50になる前にどれだけのことができたのか』ということだと、今は認識している。当たり前の話だが、もう30代や40代には戻れない。それまでにどれだけ全力で走っていけるのかが人生で一番大事なことだと。

かつてのボクは、30歳までにやるべきことをすべてやり、残りは余生という感覚があった。それ故、今もふと思うことは、『何故、まだ生きてるんだろ？　よくここまで生き延びたもんだな…』という感覚だ。

今回の休養期間のことを振り返ると、デビューしてから1年以上も休んだのは初めてだった。マレーシアに移住する前はスケジュールがパンパンすぎて、熱がある状態でも2日も休めない状況が何度もあった。

いわゆる自分の持病——大体10年に一度ぐらい悪化して、倒れたり、高熱が続くことは過去に何度かあった。その時はここまで酷くなることもなかった。1カ月ほど入院して出てくることがほとんどで、そのタイミングでは一切、発表することはなかった。たまたま、そのタイミングがレコーディング期間や表に出る活動がなく、アルバムのジャケット撮影中に倒れて入院し、アルバムの発売を2カ月ほど後に延期…と、そんなことで解決していた。当時の事務所の方針もあり発表はしなかったが、その事実を表に出したいわけでもなく公にしなくていいと判断していた。

不幸中の幸いか、今回最初の症状が出てきたのはマルタ島から仕事で日本に帰国したタイミングだった。結果として、意識を回復した後に発声の問題が生じ、声が出ないことが精神的に一つ目の大きなダメージとなった。特に映画【翔んで埼玉】の撮影に入ることは厳しいという判断ですべての活動を休止した。体がボロボロになっていた。海外で療養することを決めマルタ島に帰った後、調子のいい日は『今日は、少し声が出る』と思えば、また翌日には悪くなる。これを何度も繰り返していた。

酷い時は声がまったく出なかった。うまく発音ができないだけでなく、言葉が上手に発せない。考えていることが言葉にうまくできなかった。そういった症状を含めての発声障害だった。普通に声が出せないだけならまた違ったのだろうが、頭に思い浮かんだことがそのまま言葉にできないというもどかしさもあり、イライラする原因にもなった。脳の精密検査も受けたものの異常はなく、「しばらく時間を置けば戻るでしょう…」という検査結果だ。「どれぐらい時間がかかるのか?」という質問に対し「早ければ3カ月から半年、長ければ…」と担当医が途中で言葉を詰まらせた時に、『うーん、参ったな…』と天井を見上げた。その一方で『仕方がない』とも感じていた。きっと神様が休めと言っているのだと。しばらくして良くなるどころか肌も驚くほど酷くなり、とてもじゃないが外に出ることもできない状態になっていった。

その後、しばらくして脱毛が始まった。おびただしい量の髪が抜けた。気づいたのはシャワーを浴びている途中だ。パッと指を見ると、凄まじい量の髪が指の間に挟まっていた。最初はそれが自分の髪だと気づかず、『天井から髪が降ってきた!』と天井を見上げその原因を探していた。『なんだ、これは!?』とその髪の毛を洗い流し自分の髪にまた指を入れると同じようにごっそり抜けた。それが精神的に二つ目の大きなダメージだった。

すべては己の責任

『いつかは声が出る』『いつかは治る』『努力で何とでもなる』と考えていた。だが、なかなか声が出ないことにストレスが募った。何気なく頭を振ると髪が床にごっそりと落ちた。それを見た時、『あー終わったか…』と絶望を感じた。『これじゃ、表の仕事はもう無理だろ…』と考えているさなか、今度はどんどん症状が全身の肌に出始め、みるみるうちにボロボロになっていった。象の肌のようにひび割れができ、全身のいたる部分が赤くなりカサカサになっていった。

結局、免疫が異常に下がっていたことが最大の原因で、海外で療養を始めてなお加速して酷くなっていった。

活動休止の相談は誰にもしていない。相談をするタイプでもない。常に自分の判断で決める。誰かに相談したからといって出てくる答えが正しいものだとも思わない。結局、他人にとっては自分ごとではないし、あくまで他人のこととして想像でアドバイスするだけにすぎない。〈他人に相談したい人〉が世の中には多いが、それは答えを求めているわけではなく、ただ相談したい欲求があるだけ。誰かに聞いてもらいたいだけにすぎない。ボクはそういう性格ではない。誰かに何かを話したいわけでもないし、愚痴を聞いてもらいたいタイプでもない。

過去に様々なトラブルがあった時、トラブルに巻き込まれた時、自分と関係ないことで叩かれた時、思っていたことと違う結果が出た時、自分の至らなさで大きな損失を出してしまった時、どんな時も相談などすることはない。［誰かに相談して解決することはない］というスタンスは昔から変わっていない。すべては己の責任。

遺書

休めば回復すると多くの人は考える。ボクもそうだった。だが今回の場合、休んでから更に酷くなったわけだ。途中で死ぬことも受け入れた。『どうやって死ぬのが一番自分らしいか…』と考え始めた。

死ぬという［覚悟］に関しては遠い過去にすでにしていた。だが、今回は初めて遺書というものを書いた。本来はそんな性格ではないが、会社の者も含めついてきてくれた仲間がいる。『彼らには何か残せるものを記しておかなければ…』と考え手紙を書き始めた。カネのことも記した。ボクが急にいなくなればみんな生活に困るだろう。『こういう風に分けてくれ』と書き記していった。そうしている自分に途中から笑えてきた。『まあ、ここまで生きたしな』『いい歳だしな』と。『さて…、どうやって幕を引くか…』と。

遺書は20通ほど書いた。『財産はこういう風に分け、車は清算し…』と細かく指示を書き記した。愛犬は姉に託し、あるものはスタッフに託したりと迷わなくていいように細かく指示も書いた。残された時間を考えマルタからスペインを経て、マレーシアに戻り生活を再開した。

そのタイミングで幹細胞の治療を始めることになった。ドバイの仲間から幹細胞の治療を勧められたことがきっかけだ。1カ月に一度、日本に帰り治療をすることとなる。そこから3カ月目ぐらいからか、少しずつ改善が見られるようになった。効果が出始めたことに気づいたのはマレーシアのバスルームでシャワーを浴びた後だ。鏡越しに肌が良くなっているのを感じ、『これは気のせいじゃない。もしかしたら治るかもしれない…』と光が見えるようになった。

マレーシアの仲間が支えてくれたことも大きかった。ヨーロッパに2年いたことで、久々に会った仲間と自宅のジムでトレーニングをした。体力も筋力も落ちたボクに彼らが気づいていた。息を切らしている姿を初めて見た彼らは、まだ全然治っていないことを把握した上で、「G、一緒に頑張ってトレーニングしていこうぜ！」と勇気づけてくれた。当初、ウェイトを持った時も『こんな軽いのも持てないのか…』という状況だった。

体重は73キロから62キロまで落ち、脂肪も全部なくなった。減量後のボクサーのような感じだろうか。体がそういう状況だと誰にも会いたくなくなる。すこぶるひどい状態の時はヨーロッパにいてよかったとつくづく感じた。幹細胞の治療を開始し効果が出始めてから2～3カ月で少しずつ体のボロボロになった肌が再生していった。完全に消えたわけではないが日に日に気持ちが楽になっていった。

当時はコロナ禍で、マルタもロックダウンに入り2カ月間、すべての飲食店の店内で一切の食事が禁止になった時期が何度かあった。街の人たちは意外とその状況をそれぞれに楽しんでいた。同じように一人でよく散歩をし、通りや公園でお茶をしたり、たまに飲食店からテイクアウトしピクニック的なことをやってみた。そんな風に目的もなく一人で何時間も丘の上からゆっくりと景色を眺めたのも久しぶりだった。

湯シャン

声が出ない以上に、脱毛症で急に毛髪が抜け始めた時のショックは文字では表現できないほどだ。抗がん剤の治療や白血病で苦しむ人たちの気持ちが少しわかった気がした。当時、頭皮の状態をどう戻すかを試行錯誤していた。幹細胞治療を経て徐々に髪は戻っていったが、部分的に全然戻っていない箇所もあった。その箇所の状態が良くなったと明らかに感じたのが、幹細胞治療と並行してシャンプーを一切使わない〝湯シャン〟を始めて1カ月が過ぎた頃だ。自身にも言えたことだが、世の中のほとんどの人は頭皮が硬すぎる。

最初の10日間は1日30分間、指で頭皮マッサージをした。まずは湯洗いで始めた。これがめちゃくちゃ疲れる上に頭皮が痛い。頭皮の硬さからくる表面的な痛みだ。筋肉痛のような感覚にも近かった。指で地肌をマッサージし指の腹に頭皮の脂を感じると、それをお湯で取ってまたマッサージすることを繰り返す。

シャンプー剤に慣れた世の中のほとんどの人は、必要以上に脂分を落としすぎだ。シャンプーで頭皮の表面をゴシゴシとやるだけで頭皮そのものを動かすことはほとんどない。洗剤で脂を落としすぎると体は脂分を保とうとする。そしてまた脂を出す。その繰り返し。

頭皮の状態が徐々に良くなっていった。効果が出始めてからは洗顔料もやめてみた。顔に関してもすでに石けん、洗顔フォームなどは1年以上使っていない。水洗いだけだ。洗顔後は、顔には化学物質の入っていない乾燥しないための軽いものだけをつけ、髪はタオルで拭きながらドライヤーも冷風だけで乾かす。髪の毛を地肌に押し付け時間をかけて乾かしていく。そうすると、髪の毛に頭皮の脂がつき、髪にハリが戻り少しずつ正常な強い状態に戻っていく。驚いたことに顔の毛穴もどんどん目立たなくなっていった。

これらの湯シャンや洗剤を使わない習慣を否定する者も多い。それは当然のこと。生まれてからずっと正しいと思ってやってきた当たり前のことを否定されるのは誰もが嫌なことだろう。ボクはこれらの当たり前だと思われている行為を否定しているのではなく、あくまで一つの選択肢として捉えればいいというスタンスだ。同じように解決策が見つからない人が多くいるだろう。医者から言われたことをやっているのに何も改善しない人たちは一つの参考程度にしてくれればいい。

水仕事をしている人なら理解できることだが、素手で水仕事に携わっていると手がガサガサになる。これがお湯になるとさらにそのガサガサは簡単に起きる。そして洗剤などを扱えば一気に荒れる。これを経験した人は少なくないはずだが、そもそも水でさえ手の脂分は簡単に落ちてしまう。その脂分がなくなれば極度の乾燥を引き起こす。潤いを保てなくなるからだ。

これは頭皮や顔にも同じことが言える。洗料を使えば、たとえ肌に優しいものを使ったとしても脂分は落ちてしまう。その落ちた脂分を補うために顔に人工化合物の油分を塗る。人工化合物は酸化スピードが速い。その酸化を防ぐために酸化防止剤をさらに混入するというイタチごっこだ。もちろん、肌の乾燥を引き起こした状態を放置するよりも乾燥を防ぐことは大切なのだが、そもそも乾燥させないために脂分を落としすぎないという考えに至った上での行動が、ボクが現在行っているものだ。そして、世の中の多くの女性でさえ顔の乾燥を防ぐための努力はするが、頭皮の乾燥まではほとんど考えていない。毛穴の汚れを取るという目的のために、必要な脂分を取りすぎていることから、頭皮は乾燥とそれを補うため体内からの脂分の流出を繰り返す。であれば表面の酸化した脂だけ洗い流し、毛穴の中にある必要な脂分は残しておくという行為の方がむしろ自然だという結論に達し、それを長期でやった結果、肌の状態がすこぶる良くなったという一つの結果だ。

もちろん、だから『オマエもやれ！』とは言わないし思いもしない。あくまでもボク個人の考えと行動の結果を述べただけ。誰がどんなことをやろうが正直、ボクの人生にはなんの関係もない。もし、肌や頭髪のトラブルで困っている人がいるなら、これを参考程度にしてくれればいいだけの話。行動するのもしないのも、すべては自分の人生なのだから自分で決めて自分で行動するべきだ。

ちなみに、この考えと行動に至った面白い経緯があった。ボクの家には犬が5匹いる。彼女たちを膝に抱え、『なぜ、この子たちはこんなに毛がフサフサなんだろう…』とふと考えた。そんなことを思いながら、この子たちの頭皮を触ると自分とは比べ物にならないほど頭皮が柔らかい。そして自分の頭皮を触り、また彼女たちの頭皮を触る。本来、『頭皮とはこれぐらい柔らかいものであるべきなのではないか？』と一つの考えが生まれた。

この時に一匹の犬の肌が赤く腫れていることにも気がついた。動物病院に連れていき肌を見せる。ドクターに質問された。「人間のシャンプーを犬に使ってませんよね？」と。「犬用を使ってますがなんでですか？」と聞くと、「人間用のシャンプーは犬用よりもかなり強いので必要な脂分が損なわれ炎症を起こすんです」と。続けて「週に何回、この子を洗ってますか？」と聞かれ、「週に3日です」と答えると「ダメですよ！　洗いすぎです。もし匂いが気になるのなら水かお湯だけで洗ってください。シャンプー剤を使って週にそれだけ洗えば肌が炎症を起こしますよ」と。続けてボクが「あの～、それって人間はどうなんですか？　人間の頭皮は荒れないんですか？」と聞くと「そりゃ荒れますよ、人間だって」と言われ、『やっぱり…』と思ったわけだ。それがお湯だけで洗ってみようと始めたきっかけだ。今は水だけで髪も頭皮も顔も体も洗う。最初は慣れなかったが、1カ月ほどであれだけ寒がりだった自分が嘘のように水シャワーに耐えられるようにもなった。もともとは低体温だったが結果的に基礎体温も1度ほど上がった。

以前は白髪もあった。ところが、これを始めてから根本から黒い毛が再生し始めた。頭皮がかなり柔らかくなり指でつまめるようにもなる。頭皮が指でつまめるようになるまでには4カ月かかった。一つの行動の結果だ。これがすべての人に当てはまるとは思わない。そもそも頭皮の血流が悪くなるのは他にも多くの原因がある。炭水化物や糖を当たり前に摂っている人はそれが大きな原因だという事実には見向きもしない、生活習慣を変えようともしないで、色んな薬品を塗りたくり「これは効かない！」と吠える。直さなければいけないこと、自身の生活スタイルを見直し改善、行動、継続した上で、こういったことも一つの参考にすればいいだけのこと。少なくともボクは今回の行動で大きな結果が出たことに、単純に嬉しいという率直な想いがあり、近い身内が相談してきた時は、「こういうのも試してみたらどうか」とアドバイスするだけにすぎない。そもそも、人の体はそれぞれが独自のバランスで成り立っている。消化、吸収、再生のスピードも違えば、日頃、口にしているものもまったく違う。最良の方法は自分で見つけるしかない。

最近、人を見るとすぐ頭皮に目がいくようになった。ハゲている人、脱毛している人を観察するようになった。髪が薄い人、ハゲている多くの人は、頭皮が異常に赤く炎症を起こしている。健康な頭皮の状態の色は青白いものだ。頭皮は言わば作物の畑。土が悪ければ作物だって枯れる。そういう人たちの赤く炎症を起こした頭皮を見るたびに『そりゃ、枯れる…』と思ってしまうわけだ。

当時の肌の状態が一番ひどかった時の写真は残していないが、徐々に症状が改善し『これは治るかもしれない』と思い始めてからは写真を撮り始め、その写真がいくつもある。膝の裏や肘、アザのようなものが体中にあった時のものだ。

今は完治したと言っても過言ではない。体調は100パーセント、体型的には90パーセント。今振り返ると、『よくここまで戻ったな』と感じている。世の中には多くの同じような悩みを抱えている人もいるだろう。悪くなったからクスリでなんとかしようと思うのもわかるが、それは少し安直ではないか？［足す］ばかりでなく、普段の生活習慣からの［引く］決断と行動もまた現代の我々に必要なものではないのかと強く感じる今日この頃だ。

第二章　翔んで埼玉

【翔んで埼玉】でのGACKTの存在価値は、弁当の梅干し程度だ。撮影が再開する直前、プロデューサーや製作の人たちがわざわざマレーシアの自宅に来た。何日か泊まっていったが毎朝会うたびに彼らに言った。「本当にやります？　やっぱり冗談でしょ？　遊びに来ただけでしょ？」と言うと「本当ですよ！」と。ずっとウソだと思っていた。

続編の撮影は2022年の冬前から再開した。極寒の中での撮影だ。撮影期間は2カ月半。設定上、ほぼ裸や薄着でやっているスタッフ、演者やエキストラも多くいた。死ぬほど寒い。だが、季節の設定上、裸にならなければいけないし冷たい海にも入る。大変な撮影現場だった。だが、メンタルリセットの方法を知っているボクにとってはそれほど苦にはならなかったのも事実だ。もちろん、肉体的にしんどいことは多かったが、ワンシーンの撮影が終われば、どれだけ眠くても楽屋や待機場所で寝ずにスタッフと馬鹿話をしたり、くだらないゲームをする。そして大声で笑いながらメンタルリセットする。大切なのは心が空っぽになるまで笑うこと。

もともと【翔んで埼玉】は、監督〈武内英樹〉やエグゼクティブプロデューサーが口説きに来た時、断っていた経緯がある。だが「どうしても、どうしても！」と、しつこいの一言だった。根気に負け「じゃあ…、やります…？」と気乗りしていないにもかかわらず軽く応えてしまったことから悲劇は始まった。高校生という設定にも随分抵抗があった。無理がある。

いわゆるコメディムービーで、今作も前作と変わらないことなのだが、実際の撮影現場ではセリフや演技を意図的に面白くしようとは誰もやっていない。監督のオーダーで、「とにかくシリアスに芝居してくれ。だが、テンポはできるだけ上げてほしい」と。シリアスになればなるほど演技の［間］は自然と開くものだが、間を詰める作業は監督の指示のもとに短く修正していく。「まだ間が長い。もっとテンポ上げて！」「笑わせようとするな。面白くしようとするな。冷める！」と何度も現場で役者に指示が出る。

［死ぬほどくだらないことを、シリアスにやっているのが面白い！］というのが監督のスタイル。続編にもかかわらず、現場では『果たしてこのシーンは面白いのか…？』と正直よくわからないまま撮影は終わりを迎えた。1作目は最後まで理解不能だった。『本当にあれで大丈夫だったのか？』と。2作目の撮影を終えてもなお、撮影中の違和感はまだ残っている。

究極の茶番劇

監督のセンスは変わっている。褒め言葉だ。力量も熱量も凄い。そんな監督だが撮影の最中はただ一人でずっとニヤニヤと笑っているおかしな人。正直、不気味だ。『本当にこれが面白いのか?』と常に疑問を感じながらやったのが1作目。2作目はその感覚が多少は理解できているものの、撮影中は常に『本当にこの方向性が正しいのか…?　これでいいのか?』という疑問を持ちながら演技を続けていく。監督に「大丈夫?　これで」と常に確認する。するとニヤニヤしながら「いやー、よかったよ～」と返ってくる。言葉が軽すぎて信じられない。

持ち上げるつもりはないが、武内さんは素晴らしい監督だ。アプローチが上手い。映画【テルマエ・ロマエ】もそうだったが、演者に面白いことをやれと求めない。くだらないことをシリアスに、真剣にやらせるというスタイルがとにかく上手い。もちろん、そんな作風ばかりではないが、その表現は誰よりも特化して上手い。完成の画が彼の頭の中ではしっかりと見えている上に絶妙なテンポ感も理解している。だからこそ通常のシリアスな演技より、テンポの速いセリフのキャッチボールが演者には求められる。
役者の中には面白いことをやりたがる者もいる。が、すぐに怒られる。「やりすぎ!」「面白くない!」「だめだ!」と。「こっちの演技でやってくれ」「感情が伝わってこない!」とやり直しさせられる。芸人も結構出ている。面白くやりたくなるのだろう。だが、すぐ怒られバッサリと斬られる。

コメディ映画なのだが、やはりそこには武内監督の一貫したテーマとこだわりがある。演者にやってほしい方向性は明確。演者が笑わせに行くことを一切求めていない。演者はただひたすらシリアスにやっているだけ。現場のスタッフも真面目で真剣、常にヒリついている。笑っているのは武内監督だけ。現場は常にピリピリしていた。撮影のほとんどが過酷なロケだ。ピリピリした緊張感の中で真剣にふざけたことを演じているという、よくわからない感情バランスを抱えながら撮影が続いていくのは精神的に不衛生の極みだ。『これの何が面白いのか…?』という疑問は最後までずっと付きまとう。カメラマンや照明さんが時折、ニヤッと笑いをこらえているのを見つけると、『一体、何が面白いんだ…?』とさらに不安は募る。撮影は基本的に前後の繋がりなく進んでいく。現場はいつもバタバタしていた。『このシーンはどう仕上がるんだ?』と頭の中で組み立てながらやってはいるものの、わからないことが多すぎる。

コメディだが、面白くやってはいけない。泣かなければいけない。泣かせなければいけない。「もっと泣ける演技をしてくれ!」と言われるわけだ。くだらないセリフで真剣に涙を流しながら演技する。撮影中に熱くなるシーンもある。だが冷静に考えると『なんでこんなセリフで泣いてんだ…?』と我に返る。全員、泣く。ボクも同じく涙を流しながら熱くなる。そしてカットがかかると『なんだ、これ…』と。頭がおかしくなりそうだった。

二階堂ふみ

共演している〈二階堂ふみ〉は、【翔んで埼玉】ではかなり振り切った演技をしている。正直、いわゆる女優をやっている時のふみちゃんの他の作品での演技は、ボクにはあまり刺さらなかった。彼女のキャパで彼女の得意な演技をやっているというシンプルな評価でいわゆる［上手な女優］という感じだ。だが、【翔んで埼玉】の彼女演じる〈壇ノ浦百美〉は普段のふみちゃんのやっている演技ではないアプローチが多い。それがかなり刺さった。

非常に頭のいい演技をする。カメラマンのポジションを常に捉え、わざと演技に振り幅をつけカメラマンがカットを割りたくなる演技を頻繁にする。カメラマンが撮りたくなるアプローチをふんだんに盛り込む。にもかかわらず演技に嫌味がない。この役の彼女の表現の幅は抜群に魅力的だ。やはり底が深い素晴らしい女優なんだなと改めてその実力を認識させられる。

当たり前の話だが女優は一般的に女を演じる。今回の彼女の役は男役でフェミニンな男性という設定。【パタリロ！】の世界観を知っている人なら理解しやすいのだが、フェミニンな男性という設定は、決して女性が男役を演じるという表現では成り立たない。結局のところ女性なわけだ。彼女はあえて男性的に振る舞うわけではなく、女性が持つ女性らしいアプローチとぶっ飛んだ表現の振り幅で、あの【パタリロ！】の世界観を地で表現できる数少ない女優であると確信している。男性的に演技をすればどうしても宝塚風になる。それが一番わかりやすいイメージであるし、アプローチとして正しいものと思われがちだが、彼女は決して宝塚風なアプローチはしない。女性のままの表現力で男っぽいことをする。だから宝塚風に男を演じることは一切ない。女性のまま、女優としての表現力で力強い演技を振り切って表現する一つ一つがめちゃくちゃ面白い。それが彼女のこの役の見どころだと断言できる。それができる女優は少ない。もちろん女優としてのふみちゃんはかなり定評がある。その女優のまま振り切った演技で性別を超えた生物を表現できる役者はなかなかいないだろう。素晴らしい女優だ。

環境汚染

ふみちゃんはサバサバしているが女性らしいところも多くある。非常に無性別的。なんと説明すれば伝えられるのか難しい。彼女と向き合っている時は女性を感じるが、親戚の男の子と話しているような感覚も同時に受ける。飲み友達の男と話している感覚もある。

彼女とは作品を通じて仲良くなった。空き時間には旅行、動物、肌に優しいものの話を通して、色々と彼女の考え方に触れた。彼女はとてもナチュラルでオーガニックな人だ。彼女のこだわりの強さは会話の端々からひしひしと感じる。ボク自身もオーガニックな人間ではあるが、彼女とはまったくタイプが違う。ボクは単純に体が弱かったことから、ケミカルなものをなるべく体に取り入れないようにしているだけで、彼女の場合はとにかく環境に優しいことを優先し大切に生きている。一方、ボクはすでに自分自身の存在が環境にまったく優しくない。生きているだけで、動いているだけで一酸化炭素を撒き散らし世の中すべてを一酸化炭素中毒にする男だ。オーガニックな二階堂ふみと、生きているだけで環境汚染のGACKTではそもそも生きている世界が違う。

加藤諒

他の共演者で役者として好きなのは〈加藤諒〉だ。彼の演技は非常に面白い。役者としての彼のアプローチはもちろんのこと、自分に何を求められているのかを彼自身がしっかり理解し表現している。役者として非常に興味深い人だ。【翔んで埼玉】1作目で初めて共演したわけだが、彼が脇役で出ている他の作品もかなり見ていた。どんな役でも存在感が役者・加藤諒の演技を見せてくれることが楽しい。何をやっても加藤諒の味が出る。〈香川照之〉もそう。どんな役をも香川さんに染める。香川さんがその役をやることで、香川さんにしかできない演技に魅せられてしまう。香川さん自身の中での役づくりはもちろんあるのだろうが、やっぱり香川さんを纏った役、彼独自のキャラクターになる。役者・香川照之の演技がもっと見たいと思うわけだ。『安心して見ていられる』、そんな感覚だ。

もちろん役者の中には、このことをダメという考えを持つ人もいる。『もっと役自体を自分に纏って』という考え方や演技論だがボクはその考えにはあまり共感しない。なぜなら映画でもテレビでも視聴率や売り上げ、ひいてはそれが製作費にも大きく関係しているからだ。その人だからできる演技が見たい、もっと具体的に言うと、『その人自身が見たい』からその作品を見に行く。幅のある上手な演技ができる役者も確かにいる。その演じている役者が誰かわからないほど役を纏い、『この役者誰だろ?』と思うほど個を消して演じられる人だ。だが、幅のある演技をやるからいいのか、と言われるとそうとも言い難い。演技は素晴らしいがむしろ客を呼べない役者が圧倒的に多いからだ。

話を加藤諒に戻すが、とは言え、彼と仲良くなったわけでもない。プライベートの彼はまったく雰囲気が違う。穏やかでふわふわしていて静かな人だ。だが、演技に入ると役者・加藤諒になる。それがすごく素敵で魅力的。役をやっている彼が非常に面白い。人間的に惹かれるというよりは役者として惹かれる。『この人の演技いいな』と思わせてくれる役者だ。

片岡愛之助

今回の共演者の中で一番仲良くなり、一番役者として興味があったのは〈片岡愛之助〉だ。自分のシーンではない現場、出番のない時も愛さんの演技を見ていたことが多くあった。素晴らしく面白い演技をする役者。歌舞伎役者というのもあってなのか歌舞伎役者の独特な動きもあれば、人間性からくる演技に対する実直な向き合い方とも感じる。自身に望まれることを120パーセント演技で表現できる人だ。それが本当に素晴らしいし何より「キメる」のがとにかく上手い。彼はファーストのカメラがどこにあるか、どう撮っているかを常に意識し一発でキメる。自分のセリフに対し、一番届けなければいけない言葉を確実に届け、一番美味しい場所でキメゼリフをバチッとキメられる。たとえると「シーンに句点、読点を入れる」ということだ。そうすることによってシーンの終わりが必ず締まる。それが嫌味なくできる数少ない役者だ。台本を描く方たちがどこまで意識してキメゼリフを書いているかはわからないが、あそこまでセリフの一つ一つをキメてくれれば嬉しいの一言だろう。

『私はフリーの演技をします。カメラマンさんは好きなように撮ってください』というスタンスの役者が圧倒的に多い。その結果「好きなようにやっていい。オレがいいところを探して撮るから」と言うカメラマンも当然多くなる。だが彼は、カメラの位置をしっかりと意識した上でどう映っているかを完全に認識している。愛さんは「いや〜してないですよ」と言うが、とにかく空間認識能力が非常に高い役者だ。

歌舞伎役者だからなのか、毎シーンで凄いなと思わされる。一つ一つのセリフをバチッと最高の角度からキメる。最後のセリフ出しのキメ、ポイントの摑み方がニクいほどレベルが高い。圧倒的な存在感がエグい。役者の存在感はシーンに出ている数には比例しない。最後のセリフをキメるその瞬間の精度が恐ろしく高い。彼が出ているシーンはすべて愛さんが持っていく。一緒に演技をしていても安定感があり常に安心させてくれる人だ。

演技をしていて、何回やっても画が決まらない役者も少なくない。セリフは確かに言えているのだが画が締まらない。もちろん、監督にも微妙な気持ち悪さが残る。彼は「シーン締め」の確たる頂点にいる。それは編集上のことで考えるとカットの切り替え点が見えるということに繋がる。それをわかった上で武内監督が彼を起用しているのだとすれば、彼もまた本当に凄い監督と認めざるを得ない。

歌舞伎はもともと嫌いじゃない。見に行っていたこともあるが、昔、海老蔵（当時）と揉めたことがきっかけで縁遠くなった。和解したものの歌舞伎に興味がなくなった。愛さんはまた歌舞伎を見に行きたいと思わせてくれた役者だ。彼が歌舞伎ではどんな演技をするのだろうと、とても気になっている。

彼とはかなり仲良くなった。もちろん、すこぶる忙しいのを知っていることから、誘うのは月に一度だが食事に行きたいと思わせてくれるほど関係性が近くなった。食事に行くときはボクと彼と仲間たちと、だいたい4～5人でだ。ボクのライブを見に来てくれたこともある。彼はとにかく面白い。ユーモアが溢れている人でここ数年で会った芸能人で一番面白い。彼から話を振るというよりもどんな話でも拾い、盛り上げ、その場の空気を楽しくする。名前の通り愛が溢れている。場が楽しく面白い空気になっていく。

役者・片岡愛之助がその場にいれば、構えてしまう仲間も多い。それを彼は「じゃあ、私がやりましょう！」と率先して前に出てエンターテイメントを見せてくれる。いつの間にかその場にいる全員が彼のことを好きになる。そういう人だ。存在感もオーラもあるのに、それ以上にオープンに自然に、しかも嫌味なく輪の中心に立ち場を盛り上げられる人だ。凄い、本当に。人間性に惚れている。

キーとなる役者

初めて同じ画面に入って演技をしたときに、『この人の演技は凄い！』と感じ、それをその場ですぐ伝えた。「凄い演技ですね、本当に凄い！」と恥ずかしげもなく。それをきっかけに仲良くなった。「ご飯行きましょう！」とストレートに誘った。好きになるとすぐその人を知りたくなる性格は昔から変わっていない。なかなかそこまで興味を持てる人が現れない現実で、逆に現れると男女関係なく口説いてしまう癖だ。

たとえば、演技は素晴らしいと思っていてもプライベートで会うと『ああ、こんな感じか…』と、それ以上深く関わりたいと思わない人も意外に多い。彼は懐が深い上に素晴らしく魅力的だ。今回、映画に出演している奥さんの〈藤原紀香〉のことも昔から知っている。共通のメイクさんだったからだ。ボクとノリカっちが知り合いだということは愛さんも知っていた。だが、愛さんと遊ぶ時は彼女抜きで食事に行ったり飲んだりする。愛さんはそこまで酒は強くないが、その場のノリを一緒に盛り上げてくれる。酒を飲みすぎた時は「ダメになりました〜」と屈託ない笑顔で言ってくるので、それも人として可愛い上に何故かカッコいい。『そりゃ、モテるわけだ…』と客観的に見てもそう思う。ボクが女だったら間違いなく惚れる。カッコいい上に優しく愛に溢れている。男として惚れている。ボクとは真逆だ。

ボクは相当ピッキーな性格な上に仕事上の付き合い・交流などまったく気にもしていない。完全に私情のみで付き合う人を選び、好きなように遊んでいる。もちろん、愛さんがボクのことをどう思っているのかは全然知らないし、そこに興味もない。相手が自分のことをどう思っているか、自分がどう思われているのかを気にする人は多いが、ボクにはその感覚が完全に欠落している。彼はボクを常に魅了してくれる人、それで十分。彼が今作に出てくれたことは大いにラッキーだった。彼の役者としての存在が映画のメリハリを作ってくれた。彼がいなければここまでの仕上がりにはなっていなかっただろう。

そもそも【翔んで埼玉】に出演を決めた一番の理由は、〈魔夜峰央〉の作品だったからというのが大きい。ボクは魔夜先生の作品がもともと大好きで、【翔んで埼玉】の登場人物〈麻実麗〉のイメージは【パタリロ！】の〈バンコラン〉というキャラクターをベースにやっている。長髪で英国秘密情報部・MI6のエージェントというキャラクター。魔夜先生が作る作品には必ずバンコランのようなキャラクターがいる。それ故、役作りは意外と明確でいかにバンコランをGACKTというフィルターを通して表現するかがキーとなっている。

特にアニメ【パタリロ！】のバンコランはヤバい。バンコランがいるから【パタリロ！】のくだらない世界が成立する。カッコいい上にすべて成立する不思議で強引なキャラクターだ。ボーイズラブのアニメで女性がほとんど出てこないのも魅力の一つだろう。45年前に書かれた作品だが、大人になって見ると結構エグいセリフがたくさんある。バンコランの恋人〈マライヒ〉という殺し屋も男性で、セリフの中で「バンコラン…」「マライヒ…」と互いに呼び合いながらマライヒの胸に手を入れ「ああ…」と絡み合うラブシーンがある。マライヒがバンコランの女友達に嫉妬する場面では「ボクは男だから、どうせバンコランの子供なんて産めないよ！」というセリフを40年以上前から描いていたのは凄い。あの時代からボーイズラブを表現しているだけでなく非常にくだらなく、そして切なく悲しく美しい。【パタリロ！】は素晴らしい作品だ。そんな〈バンコラン〉を拡大解釈してキャラクターづくりをしていることから、〈麻実麗〉は常にぶれることはない。

絶対に当たらない

【翔んで埼玉】は結果的に、各社の映画賞を席巻した。率直にこれは大問題だ。賞を取るとか、取らないとか以前に、『絶対に当たらない』と思っていた。ボク自身も日本アカデミー賞優秀主演男優賞を取ったことについての感想を聞かれることがあるが、それに関しても正直『ダメだろ…』と思っている。そもそもボクはただ〈バンコラン〉をやっているにすぎない。賞にノミネートされたと聞いた時は「おいおい…、ボクはダメだろ？」と言葉が漏れた。ヒットしてくれたこともありがたい話ではある…。ありがたい話ではあるしファンの人たちが待ってくれていたことももちろん嬉しいのだが、アカデミー賞とか、誰かが血迷った結果の乱心でしかない。心からのお詫びと共に名誉は返上する。

映画公開後、間もなくして普段の付き合いの中で、「子供を連れてきてもいいですか？」と聞かれることが異常に多くなった。「子供たちがどうしてもＧＡＣＫＴさんに会いたいって言ってるんで」と。「なんで？」と聞くと「とにかく会いたいって娘が言うんですよ！」と。会うと全力で［埼玉ポーズ］をしてくる。写真を撮る時もボクは普通に写るが、撮った写真を見るとみんな埼玉ポーズをしている子供たちだらけだ。

恐怖の大宮

ボクがプライベートで初めて埼玉に行ったのはソロになってからだ。26歳の時の話。東京に出てきた時からずっと池袋に住んでいたが、ほんの少し先の埼玉に行くことはなかった。まったく縁もなければ興味もなかった。ソロになってからのサポートメンバーでキーボーディストが当時、埼玉に住んでいた。大宮から少し離れたところにある彼の自宅で打ち合わせをすることになり、最初は『埼玉ってこんな感じか…』という至ってありふれた印象だった。打ち合わせが終わり食事をするために大宮に行った。

居酒屋だった。そんなに高い店でもなかったのだが、食事の途中でトイレに行き、ドアを開けて入り鍵をかけて振り返った瞬間にいきなり…、便座の蓋がゆっくりと勝手に開いた。当時ウォシュレットの蓋が自動で開くなんてのは東京でもまだなかった時代。めちゃくちゃ怖かった。自分が予想していないタイミングでいきなり便座の蓋がソッと開いた。「ヤバっ…、こわっ！」と声が出た。周りをキョロキョロして身動きも取らずしばらく黙って待っていると、またゆっくりと勝手に閉まった。「ヤバい、ヤバい、ヤバい！」と焦った。そのまま用も足さず急いで席に戻り、「トイレの蓋が、勝手に開いたんだけど！」と騒いでいた。全自動トイレの蓋が開くのを初めて経験したのが埼玉だった。余談だがいまだにビルの大型トイレに行くと、『水は自動で流れます』と書いてある張り紙を見かけることがあるが、ボクと同じように焦ってオシッコを撒き散らすお年寄りがいるかもしれない。いまだにあの張り紙があるということは、世の中にはまだ全自動で水が流れることを知らない人もいるということか？

今回、埼玉出身の役者が大勢いる。浦和支部長とか大宮支部長とかは、みんな埼玉出身の人だ。この思い出を話した時に、「ああ〜、わかります〜。埼玉ってみんな新しいもの取り入れたがるんですよねぇ」「すぐ新しいものに飛びつくんですよ〜」だそうだ。『凄いだろ！』というのをやりたい店が多いらしい。そう考えると都内の方が意外と遅い。

それがプライベートで初めての埼玉体験だった。次に川口オートレース場のファンファーレを作曲したことがあった。大会の公式アンバサダーになった時は、川口に行って実際にバイクに乗ってサーキットを走った。川口ってのは凄い場所だ。何もない中にポツンとオートレース場だけがある。田舎とはそういうものなのか、さいたまスーパーアリーナも以前はもっとポツンと感があった。初めてアリーナに入った時は、『なんでこんなところにあるんだ？　本当に人が集まるのか…』と心配になったのを覚えている。

8月中旬に初めて試写会で完成した今回の作品を見た。色んな想いが込み上げてきた。映画の内容は正直、腹立たしいほど面白いと思ってしまった。馬鹿馬鹿しいにも程がある。パート1の馬鹿馬鹿しさとはアプローチの角度が違う、なんともスケールのデカい馬鹿馬鹿しさ。くだらなすぎて笑ってしまう。本当にくだらない。くだらなさすぎて申し訳ない気持ちでいっぱいだ。

何より、驚くことにしっかり泣ける。これほどくだらない内容で、どうしようもないセリフを交わしているだけにもかかわらず大いに泣ける。パート1もそうだったが、セリフも意味不明なやり取りが多いが、みんな真剣に悲しみと怒りと情熱を各シーンで大いに表現している。「やるぞ！」「戦うぞ！」と虐げられた人たちが自身を奮い立たせ、各々の想いを打ち出す奮起を表現したシーンがあるのだが、冷静に考えるととてもくだらなく、意味がよくわからないシーンだ。『何やってんだ、大の大人が揃って…』と撮影現場ではそう思わずにいられなかった。ところが完成した作品を見ていると何故か泣ける。このシーンが腹が立つほどグッと来る。『武内ワールドは本当にくだらなく、意味がわからないほど凄い…』と改めて感じさせられる。こんなくだらないことを言っているだけなのに、まったく不思議でならない。武内ワールドに完敗だ…。ただ、この作品はハリウッド映画の有名シーンのオマージュが多い。むしろ、あれはオマージュを超えてパクリになっているのではないかと心配している。有名企業名も多く出ているが、おそらく何一つ許可を取ってはいないだろう。そう考えると打ち切りになる可能性も極めて大きい。世の中からこの作品が抹殺される前に、この【翔んで埼玉】を待ってくれていたファンの方たちは劇場に足を運んで楽しんでもらえればと思う。ＤＶＤ化や配信が始まってから見ようと思っている人は見られない可能性が極めて高い。

声が命

今回の映画の撮影が復帰して一発目の仕事だった。自分の声がまだ１００パーセント戻ってない状態が映像に残っている。映画が進むに従ってシーンの撮り方はバラバラなものの、映画の時系列はある程度、撮影の工程と伴っていた。声がうまく出ない時の発声が映画の前半には残っている。後半になると声が良くなっていく。元に戻っていくのがわかる。これは個人的に感慨深いものがあった。やはり声は命だ。セリフは大きく言っているし、発声はできているのだが［声が前に出ていない］［届いていない］と感じるシーンもあった。

自分の声を録音して聴くと、違和感を覚えることが一度は経験したことがあるだろう。ボクらは仕事で自分の録った声を何度も自身で聴いてきたわけだ。自分の声がどういうものかよく認識している。そのボクが作中の自分の声を聴いて、その変化を凄いと改めて思った。こんなに声が通るか通らないかが如実に出ている。映画の中盤になると、シーンの盛り上がりと伴って前へ遠くへ声が届いていく。結果的にいい感じにセリフが入ってくる。それが一番感慨深いものだった。改めて役者は［声が命］だと確信した。

今回の映画が公開中止などの問題がなく、たとえ百歩譲ってまた奇跡が起こり成功したとしても、パート3は絶対にない。2作目を観て思ったが、そもそも高校生という設定はどこにいったのか？　設定は一応あるものの、すでに高校生かどうかは関係なく破綻している。実際、演じている役者はオッサンだらけだ。10代の役者は一人もいない。メインキャストにおいても下手したら20代もいない。いてもいなくても、すでにおかしな世界が繰り広げられている。これでパート3の相手役が本当に男だとすれば、それはボーイズラブではなく、ただのオッさんずラブだ。そんなのは誰も見たくないだろう。調子に乗った製作陣が『次回は福岡あたりが候補地に…』などと言っていたが、全力でパート3の製作は阻止する所存だ。

第三章　格付け

活動再開後一発目のテレビ番組の収録前日は一睡もできなかった。よりによって格付けがその一発目となった。「ふぅ…、まいったなぁ」と何度もため息混じりの声が漏れていた。ずっと気分がすぐれない。こんな大事なところで間違えれば、それこそタイミングが悪すぎる。何を言われるかわからない。だが逃げることもできない。

例えるなら『前門の虎、後門の浜田雅功』だ。非常にイライラした状態で収録に臨むこととなる。収録が終わった頃には、全身汗だくで酷い有様だった。その後も気持ちがたかぶりすぎて、また眠れなかった。

【格付け】に関しては正直、ストレスでしかない。ここ数年、ディレクターやプロデューサーにはいつも「もうよくないですか？　無理ですよ」と伝えている。浜田さんに「もうやめていいですか?」と聞くと、一言「あかんやろ!」で終わる。浜田さんも歳を取って昔に比べれば随分と丸くなったとは言え、あの目から出る殺人ビームはいまだ健在だ。怖すぎる。普段は本当に優しい兄貴だが、少しでもあのビームが出ると全員が凍りつく。まるで［男メデューサ］だ。番組を続ける理由はただ一つ。兄貴である浜田さんの存在だけだ。浜田さんに「もう必要ない」と言われればいつでも喜んで身を引く。ボクにとっては芸能界で一番大切で尊敬している兄貴であり恩人だからだ。

ボクはそもそもテレビ番組に出たいとは思っていない。基本的にほとんどのオファーは断る。ギャラと見合わない問題はもちろんだが、そもそも性格がまったくテレビに向いていない。だが、浜田さんは20年来の芸能界の恩人であり、誰よりも尊敬している大先輩だ。浜田さんに「ガクちゃん、出てーな」と言われれば返事はひとつしかない。

【格付け】は1年で数回放送があるようだが、ボクは年に一度しか出ない。浜田さんも「毎回出ろ」とは決して言わない。GACKTの存在そのものを大切にしてくれているからだ。テレビの世界はシビアでほとんどのプロデューサーやディレクターは、出演者に対し使い捨てのような感覚さえ持っている者も少なくない。だが、彼は一流のプロデューサーでもあり、常に大局を見て判断し行動する。「GACKTを安売りするな！」とそう思ってもらえることが誇りであり、何よりも嬉しく、だからこそ今も全力で恩を返そうと心が動く。

もともとの出会いのきっかけは『HEY!HEY!HEY!』だった。浜田さんに関わっている人たちがボクの仕事にも多く関わってくれていた。仲がいいというのもあるしお世話にもなっている。プライベートでは、誕生日会やイベントのタイミングで顔を出し挨拶をさせてもらうが、だからと言ってちょくちょく浜田さんと遊びに行くことはない。怖いからだ。恐れ多いという感覚もある。もちろん、誘われればすぐに顔を出すが、仕事以上に一緒にいるだけで緊張する上にドッと疲れる。人間性も含め非常に器が大きく、そして威圧感は半端なく、リーダーとしての確たるものを持っている。笑顔はチャーミングだが、笑っている顔でさえ時折り恐ろしく見えることもある。『あっちの世界でもこの人は成功しただろう…』とつくづく感じる。この歳になって人にビビることなどないが、彼は例外、いや規格外だ。

とにかく頭がいい。ここまで色んなところに目が届く人もいない。この業界でずっと一線でやっていくということはこういうことだと見せてくれる。いつも勉強させてもらっている。凄いという言葉が陳腐に聞こえるほどだ。それほど、彼は別格と言わざるを得ないものを持っている。

松本人志

ボクは浜田さんだけではなく、松本（人志）さんも同じく恐ろしく心から尊敬している。『HEY!HEY!HEY!』に出ている時は浜田さんと松本さんの二人に挟まれて話をすると、鬼が両脇にいると常に感じていた。風神と雷神とでも言えばいいのか。妥当な言葉が見つからない。自分が想像すらしていない、気配を感じていないところからいきなり飛んでくる松本ビームは、暗闇から突如現れるステルスミサイルだ。攻撃されるとひとたまりもない。彼らの作る独特の空気に呑まれたことに毎回落ち込む。『エグい…』とため息が止まらない。あの二人は芸人だからそんなのは当たり前だと思う読者もいるかもしれないが、決してそうではない。あの二人以外にコンビで同じ異質さを感じる人はいない。三国志にたとえると芸能界の［張飛と関羽］だ。ダウンタウンの元マネージャーだった大﨑さん（吉本興業元会長）と会食した時に聞いたことだが、まだ彼らを売り出し始めた時浜田さんが言っていた言葉がある。「今のオレでは松本の才能を活かし切れていない」「オレがもっと頑張らないと松本をダメにする」とずっと言っていたそうだ。大﨑さん曰く、浜田さんは努力の秀才。松本さんは生まれながらにして天才と言っていた。もちろん松本さんも努力はしているのだろうが大﨑さんはそう言っていた。大﨑さんも彼らと出会った頃からこの二人は日本の頂点に立つと思っていた、と。

彼らは笑いや番組作りに対してかなりシビアだ。テレビが嫌いなボクでも、ライブや映画、ドラマの番宣でバラエティー番組に出なければならない時がある。2時間放送の番組に5時間の収録はざらにあるが、ダウンタウンの番組に出ると実質の放送時間が45分だとすれば、カメラを50分しか回さないこともよくあることだ。生での表現に対するこだわりとプライドがまったく違う。収録をできるだけ長回しして、面白い部分だけをピックアップし切り取り繋げて作る感覚ではなく、「いかにその密度と鮮度で面白くするか」ということにこだわっている人たちだからこそ、現場のテンションも緊張感も格段に違うものとなる。出演者全員が異常に緊張しているのがヒシヒシと伝わってくる。ボクはミュージシャンという立場だからこそ、緊張こそすれど面白くある必要はないが、一緒に出演する芸人は違う。番組前に彼らと話をすることもあるが、「吐きそう…」と言っている芸人も少なくない。若手芸人ではなく、そこそこ番組慣れをしている中堅どころの有名な芸人でさえそう感じざるを得ないものがあの二人にはある。リズム感、テンポ感がよく、ダラダラする隙もなければ、中弛みもしない。それはポリシーと強い意識がなければできないこと。

そして、ポリシーがあったとしても、実際にそう簡単にできるものでもない。

浜田さんは仕事に対し凄くシビアだが愛情は深く、プロ意識も異常に高い。目の前でスタッフが「こら～！」と怒鳴られるのを何度も目にしてきた。もちろん、ボクの現場ではボク自身も同じように怖いと思われているのだろうが、恐怖のレベルが違う。彼の醸し出す緊張感が辺りを支配しているのがよくわかる。

番組のプロデューサーが言っていた興味深い言葉がある。浜田さんの『声』の魅力。「浜田さんはタイトルコールをして、何を言っても声が遠いところまで届く。あんな声を持っている人は他にいないよ」と。そう言われて『確かに！』と思った。タイトルコールするだけで面白いってどういうことだ？　意味がわからない。

500円玉

もちろん、【格付け】の問題は偶然で正解しているわけではない。ボクの正解率に対し『ヤラセ』『勘』などと頭の悪い言葉を使う者もいるが、『ヤラセ』など問題外、勘で当てているとすれば天文学的確率をクリアーする運の強さを持っているということになる。そんなものを持っているのなら、そもそも別のことに使ってる。知識と経験をもとに勝負しているにすぎない。もちろん、わからない時もある。偶然当たったこともある。興味のなかったものや苦手なものだ。だが、番組の特性上、自信満々で答えなければならない。番組では二人ペアでチームを組んで出ているが、パートナーに対しての出題でボクが間違っていたことも少なくない。パートナーが当て、自分の予想が間違っていた時「マジか…、間違ってたのか、ボクじゃなくて良かった…」とその都度安堵している。

ボクが得意とするジャンルは、エンタメ、音楽、ダンス、肉、ワイン、食材に関してだ。特に音楽に関しては、『役者の人たちにわかるわけがない』と思う高すぎるレベルの問題も多い。音楽に携わっている者にとってもかなりレベルの高い問題だ。

そもそも【格付け】には間違っても仕方がないという気持ちで出始めた。だが、連勝を重ね始めた途端、周りが勝手に期待し始めた。無責任に騒ぎ始めた。『勘弁してくれ、ストレスでしかない…』これが正直な気持ちだ。数年前、ヘアサロンに行った時のことだ。突然、そのサロンのオーナーに指摘された。「GACKT氏、言いづらいけどハゲができてるよ…」と。鏡で見た時に「マジか！」と思わず声が漏れた。500円玉ほどの円形脱毛症が後頭部にできていた。格付けの収録1カ月前の出来事だ。「もう、格付けはやめた方がいいんじゃない？」と心配そうに言われたことが、なおさら悲しかった。『いやいや、バラエティー番組のことをそんなにシリアスに言うなよ…』と。写真を撮った。ひくつく顔で。もちろん、その時はショックでもあったが、メンタルの弱い男だと自身を笑った。髪をショートにしようと思っていたが泣く泣く諦めた。

連勝の責任も勝手に自分で感じていたのだろう。だから、ボクは常に言う。『バラエティーに向いてない』と。どうしても熱が入る。そもそも性格が向いてない。格付けの番組収録中、盆栽の問題解答後、「盆栽のことなんてわからない！」と言えば、放送終了後しばらくして盆栽協会から大量の資料が送られてきた。『ボクに何を期待してんだ…？』と多くの資料を目の前にし愕然とした。だが、このまま何もしないのはもっと癪に障る。その資料を読み漁り猛烈に勉強した。普段、自分が好きなものは自分から勉強するが、腹立たしさから勉強するのは妙な気分だ。だから何度も言う。ボクはテレビに向いてない。この言い方が自分を表現する上で正しいかはわからないが、ボクはただの〈追求癖のあるオタク〉だ。ただのハマり症のオッサンでしかない。

2023年の元日に放送された格付けの100万円のワインを当てる問題は過去一番にエグかった。ワインの銘柄の表示もない。いつもはラフィット、ムートンとワインの銘柄の発表がある。何年物かの情報も出る。それに対し5000円相当の銘柄のわからないワインとの味を比べ、どちらがその高級ワインかを見極める。これが通例の出題形式だが、今回の収録時は一切なんの情報もなし。つまり参考にするヒントがない。これを番組収録時に聞いた時、内心では『ふざけんな！』と叫んでいた。これではまるで世界でトップのソムリエテストだ。ただでさえプレッシャーが大きい復帰一発目の番組にもかかわらず、『なんてことやらせんだ！』と怒りが込み上げた。結局、答えを導くまでに番組出演史上一番時間がかかった問題となった。色を見ればブルゴーニュかボルドーかはすぐわかる。この深く鮮やかな漆黒赤色はボルドー。それを口に含み転がす。値段のことも考え始めた。『今は円安、2年前は70万、100万ってことはヴィンテージではない…』とこんな感じだ。

今回はメルローか、カベルネソーヴィニヨンかという二つの選択肢しかなかった。かなりラッキーなことに普段よく飲んでいるワインということもあり、答えを導き出すことができただけだ。ワイン通の人は当然、カベルネだと思ってしまうだろう。メルローなら予想できる銘柄はニコイチ（二者択一）となるが、カベルネなら銘柄まで辿り着くのは異常なほど難しいだろう。メルローだったからこそ銘柄も自ずと当たったというだけにすぎない。その後、浜田さんに「勘弁してくださいよ、あんな出題！」と言うと「オマエが当てすぎなんや！　オマエを間違えさせるためにこっちは必死なんじゃ！」と叱られる始末。なぜ叱られるのか。

ロマネコンティ

【格付け】にはワインの問題が毎回出るが、そもそもワインを好きになったのは24歳の時だ。最初はグラスを回しているのがただカッコいいというレベル。何が美味しいかなどまったくわかっていなかった。飲んでいるワインのレベルも相当低かった。

基本、芸能人の友達が少ないボクにとっては起業家の友人たちと遊ぶことがほとんどで、その付き合いで彼らから教えてもらった多くの知識は人生の糧となった。経営者が集まる場に呼ばれて行くと、必ずと言っていいほど上質なヴィンテージワインが出てくる。それまでに飲んでいたワインとはまったく違うもの。『何故、これほどまでに味が違うのか、口の中に含んだ時の感覚がまったく違う』と。更に値段を聞いてビックリした。ワインに関する知識を彼らから聞き深みにハマり、世界各国からワインを集めるようになった。仕事柄、海外に行くことも多いが、それぞれの国で有名なワインを飲み漁った。

自分が美味しいと思うワインの中で、好んで飲むのはブルゴーニュ。そのブルゴーニュの中で群を抜いて素晴らしく、別格だと感じるのはやはりロマネコンティのヴィンテージだ。今なら1本700万円は軽く超えるだろう。会食でロマネコンティを開ける場に何度かいたが、初めて口にした時、『こんなワインがあるのか！』と驚愕した。そして値段を聞いて『誰が買うのか？』と理解できなかった。それからDRCのことを勉強し始めた。もちろん、そんな高級ワインだけを頻繁に口にするわけではない。普段、口にするもので好きな銘柄はリシュブール。大切な人と飲む時はこれだ。

仲間と飲む時、一人で飲む時とでは開けるワインも変わってくる。仲間と気軽に飲む時はシャンベルタンが多い。作り手にもよるが、手頃なものだと15万〜25万円ほどで手に入るだろう。シャンベルタンと言っても好みが分かれるほど種類は多く、シャルム、マジ、シャペル、シャンベルタン、クロ・ド・ベーズ、リュショット、ラトリシエール、グリオット、マゾワイエールをその時の気分で飲み分け作り手の味の違いを比べながら、「そもそもブルゴーニュとボルドーは何が違うのか」などという基礎的な長い話から始め、アルマン・ルソーとは？　などと御託を並べながらワインの素晴らしさと知識を共有するその時間が好きなだけだ。フランスのボーヌに行った時はフランスのワインやワインに携わる人を守る姿勢に感動した。ボーヌを守るために取っている政策など、ワイン話は話し始めればキリがない。ちなみに、この話を何度しても覚える気のない者は、「なんか聞いたねぇ」と何度も同じ質問をしてくる。これが現実だ。

『知識＝価値』

バンドをやっている20代半ば、よく遊びに行っていた神奈川の友人・市川氏がいた。20代半ばの頃から30代半ばの彼が亡くなるまでの間、車屋だった彼から常にクルマを買っていた。ディーラーからではなく個人である彼からクルマを買っていたのは、彼のこだわりがクルマに対してはもちろんのこと、他のことに対しても素晴らしく繊細で、彼の物事に対する姿勢に惚れたからだった。めちゃくちゃデカい屋敷に住み、屋敷の入口には売り物のクルマを並べ、整備から改造まで一人ですべてやってのける知識と技術、そして強いこだわりを持っていた。夜中仕事が終わってから彼の屋敷に向かう東名高速のドライブもまた、当時のボクには貴重な憩いの時間だった。彼の屋敷で寝落ちし、朝の5時半にそのまま東京の現場に向かうこともザラにあった。それほど、彼と過ごした時間は貴重で彼から受けた影響は大きかった。

そんな彼のこだわりはクルマだけではなく、コーヒー、酒、音楽、映画と幅が広く、彼とはよく映画談義を交わしていた。「コーヒー飲む?」と笑顔で言うと、そこからコーヒーを出してくれるまでの間、その豆はどうやって作られたのか、その豆の特徴など背景を細かく説明しながら最後にカップを並べ優しくコーヒーを淹れる。そして、「はい、どうぞ」とここまでが長編CMを見ているかのような、まるでバリスタと話しているかのような感覚だ。話の引き込み方が非常に上手い。彼から学んだことは知識だけではなく、その独特の話し方、雰囲気作りがいかに大事かということだ。映画の話をし始めると、監督、出演している俳優の名前をすべて覚えているだけでなく、その俳優の他の出演作品もすべてエッセンスとして盛り込んでいく。彼の話の引き込み方に感動し『覚える』という意味、知識を物にするという努力と覚悟はこういうことなのだと気づかされた。映画の話を一つするにしても、作品のタイトル、俳優の名前だけでなく、『どれだけ感動したか』を誰かに話すためには、伝えるためのドラマの組み立てができないとダメなんだと思うようになった。単純に、「あの人」「あの作品」では説得力に欠ける上に話が薄っぺらい。当時、スマホなどなく調べるのもいちいち大変な時代だ。そもそも『あれ』『これ』『あの』『その』では自分が感動したというドラマを組み立てることもできない。話を組み立てるために必要な『覚える』という基本行為には、さらに専門用語も理解する必要がある。その背景まで深掘りするならより覚えることは増えてくる。次々に出てくる新しい言葉に苦しみながらも、『覚える』ことがいかに本気の覚悟と実行力が必要であるかを実感した。彼との出会いから、常にどんなことにも深さを意識し追求するようになっていった。今のGACKTを形成する大きなきっかけとなった。

ハリウッド女優の〈デミ・ムーア〉からも同様の刺激を受けた。彼女の元夫アストン・カッチャー主演映画のプレミアで彼女が東京に来た時、久しぶりに彼女と再会し、映画館でボクの仲間を紹介した。その日の夜、仕事終わりで食事を一緒にすることになり、紹介した連中も一緒に連れていった。食事の場で彼女がボクの仲間（一般人）の全員の名前をさりげなく呼んだ。その中に構成作家がいて、「スーパースターは押さえるポイントが違う…。一度しか会っていないし、名前も一度しか言ってないのに全部覚えてる！」と感動している彼の姿を見て、『こういうことの積み重ねが人の深さや魅力につながっていく』と認識した。それからは全員の名前を覚えるよう意識するようになった。人の名前を覚えるのが苦手と言う者もいるが、それは覚える気が足らないだけの話だ。

ワインに話を戻すが、価値・価格には色んな要素があり、美味しい美味しくないはもちろんのことだが、希少性・ブランディング・設備や作り方・設備投資さえも価値付けの対象となる。世の中の大多数の価値観で高級なものの価格が決まるのではなく、世界の一部の金持ちがその価値を決める。彼らが価値・価格を上げる。だから高くなる。知識のない者たちは「なんでこれがそんなに高いんだ！」と言う。彼らにとっては世の中の大多数が「高い物」という共通認識を持てば、『これは高い物だ』と受け入れるのだが、認知されていないものであれば『これがなんでそんなに高いのかまったく理解できない！』『無駄』『無駄遣い』となる。つまり、これは「知識＝価値」とも言える。「知識を増やす＝その物の詳細や価値を理解できる能力を手に入れる＝自身の能力が上がる＝自身の価値が上がる」と言っても過言ではない。知識を増やすためには多くの時間を費やすが、その対価は想像よりも遥かに大きいということだ。

知識は誰にも奪われることのない財産。知識を増やすことを軽んじている者も多いが、死ぬまで知識を増やすことにもっと貪欲になるべきだろう。自分自身の価値が上がっていくことだと認識できれば、勉強であれ、研究であれ、知識を増やす行為がとても貴重な時間となる。そして人との出会いは、人生をより豊かにする大きなきっかけとなる。

第四章　アラサー

26歳でソロ活動がスタートした。ボディーガードが常に傍にいた。いつもセキュリティが2～3人ついていた。米軍基地の現役の軍人連中がやってくれていた。当時は色々なトラブルの渦中にいた。「なんでGACKTはボディーガードをつけているんだ？」と言われることも多く、番組でいじられたりもしたがセキュリティをつける原因になったのは、某社長との関係が破綻したことから始まった。

ソロになり独立し、その某社長、通称〈アニマル社長〉と会社を作るもすぐ袂を分かつこととなる。すごく気が短かったボクもまた何かあるとすぐ暴れ散らしていた。彼とすぐにぶつかることは予想できたことだった。彼との関係が破綻するのに時間はかからなかった。当時、その社長は「アニマル」や「ズー」と呼ばれていた。まさしく人間動物園と呼ぶに相応しい人物だ。アニマル社長が絡んでいる周りの連中も不良だらけ。さらったり、拉致ったりも日常茶飯事。そんなことが身の回りで横行していた物騒な時代の中でソロの活動をスタートさせた。

アニマル社長はライブリハーサルが始まる前に包丁を持ってスタッフを追いかけ回す奇行や、気に入らない連中がいればとことんまで追い詰めることも日常茶飯事だった。大抵の芸能人は芸能界を穏便に生きるため、トラブルを避けるために大手の事務所の傘に守られて活動していたが、彼と袂を分けた後、個人事務所を作り活動を再開したボクは、さらわれたり、拉致られたりすることがいつ起こるかわからないという特殊な環境の中で生活をしていた。メンバーがさらわれたりしたこともある。警察沙汰になったことも少なくない。話だけ聞けば物騒な時代だ。随分と感覚が麻痺しておかしくなっていたのも事実だが、そんな環境だったからこそ楽しいと感じたことも多く、常にドキドキした緊張感のある日常は、「今を生きている」ことへの感謝と、生き抜くことへの大きな活力にもなっていた。

ビジュアル系

20歳から東京でビジュアル系の世界で活動しているが、ビジュアル系は超体育会系の構図が定着していた。「モテるが彼氏にすると苦労する職業」に3Bと呼ばれるものが過去にあった。「バーテンダー」「美容師」そして「バンドマン」が並んでいた。他の二つはわからないが、ボクからすると当時のバンドマンは4Kだ。「狂っている」「カス」「クスリ好き」「勘違い野郎」とこの4つを網羅するバンドマンも珍しくなかった。あの時代は「ライブ潰し」と呼ばれるものも横行していた。先輩に呼ばれ理由もなく半殺しに遭うことも頻繁にあった時代。仲間の一人は殴られすぎて、見える歯が全部なくなったこともあった。バイオレンスという言葉が安く聞こえるようなそんな日常に身を置いた東京生活だ。今は［半グレ］という言葉があるが、あの当時のビジュアル系の世界は、冷静に振り返ると［超半グレ］と言っても過言ではない。いきなりビール瓶を割って刺されるなんてこともあった。嘘のような、ドラマや映画のような話だ。音楽とはまったく関係がない。だが、当時はそういう無茶苦茶なことも含めての［ビジュアル系］だった。荒くれ者というよりは頭がおかしい、タチが悪い連中の世界だ。その頂点の一人にＹＯＳＨＩＫＩがいた。

意味のわからない狂った上下関係が存在する世界。ボクは性格的に言えば、本来は武闘派ではない。どちらかと言えば、尊敬する先輩がいればその先輩についていくタイプだと認識している。惚れ込んだ先輩がいれば、その人のために自分がやれることをやる。

フライングスタート

東京に出てきて暫く経ったあとの話だ。ＭＡＬＩＣＥ ＭＩＺＥＲが復活する、そしてポスターにメンバー全員の名前が出た。初ライブ直前で誰もまだＧＡＣＫＴのことは知らなかった。ある日、メンバーの二人が後輩バンドのライブに行こうと誘ってきた。「打ち上げには先輩が来るから紹介する。一緒に来てくれ」と。ライブを見終わった後、彼らの打ち上げ会場の居酒屋に向かった。当時の打ち上げは「ファン打ち」と言ってファンを店に入れての合同打ち上げが主流だった。店に入ると彼らのファンが広い店に溢れていた。「お疲れ様です！」と彼らのローディー（付き人）が出迎え、その店の一番奥、少しファンからは離れた大きなテーブルのある座敷に案内された。その店にいるファン全員から見える位置でもあった。当の主役の彼らはライブが終わった直後でまだ店には到着していなかった。ローディーたちが「お待たせしてすみません！　もうすぐ来ますので！」と何度も頭を下げていることに違和感があった。『当たり前だ、ライブが終わったばっかりなんだし。何だこの気の使われようは…』と。暫くして、急いで駆けつけた主役の彼らがこちらに向かって店内を走ってきた。「すみません！　遅れました。お待たせしました！」とテーブルに置いてある酒を取り、こちらのメンバー一人一人に注ぎ始めた。ここで脳内の一つ目のスイッチが入った。彼らがボクのグラスに酒を注ごうとした時にグラスの上にそっと手のひらを置いて「おい、やめろ…。ここにいるのは全員オマエらのファンだろ。主役のオマエらがなんで気を使う？　そんな姿をファンに見せるな。彼女たちの夢を壊すようなことをするな」とファンの子たちには聞こえないように小声で言った。そのボクの姿を見たメンバーは茶化しながら「そうだぞ〜」と言いながらニヤニヤ笑っていた。彼らが焦りながら「いや、とんでもないです！　ボクらにとっては先輩なんで！」と。彼らはそのまま一人一人が頭を何度も下げ、両手でグラスを持って「お疲れ様で〜す！」とこちらの顔色ばかり窺っていた。もちろん、彼らのファンはその様子をずっと見ている。『何だ、この夢もクソもない現実は。ライブの後だってのに…、ファンがこんなに見てるのにコイツら何やってんだ…』と違和感が嫌悪感に、嫌悪感が徐々に怒りに変わり、『もう少ししたら帰るか…』とイライラする気持ちを抑えていた。

ボクらの仕事はファンに夢を届けることだ。音楽も自分の存在もすべてを含め、夢を届けることがこの仕事であると誇りを持っている。その考え方は音楽を始めた頃からいまだに変わっていない。メンバーにそろそろ帰ることを伝えた直後に事件が起きた。

それまで彼らと一緒に飲んでいたメンバーの目つきが変わった。主役の彼らも全員総立ちになり、店内中に響く大声で「お疲れ様で〜す！」と挨拶をし始めた。店の入口に目をやると、ドカドカと入ってくる態度のデカい派手な二人がこちらにまっすぐ向かってきた。メンバー二人が立ち上がり「お疲れ様っす！」と声をかける。ボクは座ったままその様子を見ていた。『何だ、この茶番劇は？』と完全にシラけていた。その嫌悪感が顔に出ていたのかはわからないが、そのボクの態度を受けてなのか、意図的にやったのか、ボクに脅しを入れるためにやったのか、それともまったく知らずにやったのかはいまだに謎だが、テーブルを挟んでボクの目の前にドスッと座った。そして、ボクが一言発する前に大声で捲し立てるように話し始めた。ボクの両サイドに腰を下ろしたメンバーに向かって、「おい！　オマエのとこの新しいボーカルの何だあれ、ガ、ガ、ガなんとかがよぉッ！」と始まった。

最初は『コイツ、なんの話をしてんだ…？』と聞いていたが「お〜、そのガなんとかっていう新しいボーカル連れてこい！　ぶっ殺してやるからよ〜！」と。何を言い出すのかと思ったが着いていきなり大声で煽るだけ煽る。ボクの目の前でだ。両サイドのメンバーは何も言えず苦笑いを浮かべ黙っていた。『これはボクのことを言ってんだな…』と認識した。脳内で二つ目のスイッチが入った。「おい、オマエの目の前にそのガなんとかがいるんだよ。今、ヤルって言ったよな？　目の前にいるからヤってみろ。今からオマエらをブチ殺してやるから…」。完全に暴走モードに入っていた。相手はボクが目の前にいたことに驚いたのか、それともそういう返事が返ってくることに戸惑ったのか、「え？？　いやぁ…、それはまあそのぉ～…」。ボクもそこでやめれば良かったのだろうが自分を止められなかった。「その～じゃねぇだろ？　さっきの威勢はどこにいった？　表に出ろ。それともここでヤるか？　テメェ…」。結局、相手が謝る形でその場は収まったが、「気分悪いから先に帰る。二度とこんな場に呼ぶんじゃねぇぞ！」と店を出てしまった。その後、残ったメンバーはその二人から「なんだアイツのあの態度は！」と説教を喰らったそうだ。その話を聞いた時も「だったら、アイツらを今すぐ呼んでくれ。ヤるから」と言うと、「いやいや、先輩なんだから揉めるなよ！　やめてくれよ！」と、まるでボクが悪いような言い方をする。結局、「わかったよ。なるべく、その先輩って呼んでる連中とは揉めないようにするわ」と意味のわからない話のまとめ方で終わった。この一件以降、先輩と呼ばれる連中の間で、「頭のおかしいイカれたボーカル」という噂が一気に広まった。当時の絶対的上下関係があるビジュアル系の世界では、完全にルール違反の行動をするダメな頭のおかしいイカれたボーカルという認識になってしまった。

ボクも「はじめまして」と笑顔で言えれば良かったのだろうか？『やってしまったことはしょうがない。これからはああいう連中とはとにかく関わらないようにしよう』と決めた。あの時代、先輩に逆らうことは絶対にあり得なかった。どんなに筋が通ってなかろうが、どんなに無茶苦茶であろうが、先輩の言うことには「ハイ、わかりました」の世界だ。何があっても先輩には逆らえない世界で、完全なフライングスタートを切ってしまった。それからは何かにつけて因縁をふっかけられたり狙われるようになった。呼び出しを喰らい「殺すぞ！」と脅されることもあった。それに対し条件反射で「殺してみろ！」と返してしまう。喧嘩を売られると誰かれ構わずすぐに暴れてしまった。トラブルが絶えなかった。いわゆるヤバい先輩から目をつけられ狙われるようになる。MALICE MIZERに入ったばかりの時だ。20歳のボクに対し、周りはほとんどが先輩、10歳上から古い先輩だと15歳上までいた。つまりほとんどが先輩で少数の同期と、か弱い後輩がいるという状況だ。そして、ほとんどの同期でさえボクより歳上という現実。

初めてのツアー中、メンバーに朝方呼び出され怒られたことがあった。ボクは基本、打ち上げには行かなかった。顔を出したとしてもすぐに帰っていた。ツアー中盤の地方公演でのことだ。「今日は先輩が来るから、打ち上げに顔出してくれ」と言われ、「いいよ」と答えた。「GACKTも顔を出して挨拶してくれ」と。メンバーがそう言うならと打ち上げに顔を出したが、少しその先輩たちと話をした後、「今日は上がります、お疲れ様でした」と挨拶をしてホテルに帰った。

朝5時、メンバーからの電話で目が覚めた。「今、全員ロビーにいるから降りてきてくれ」と。ホテルのロビーにはメンバー全員が不機嫌そうに座っていた。そして一人のメンバーが口を開いた。「あのさ、さっきまで先輩がブチ切れてて『アイツはなんなんだ！』『礼儀もクソもねぇじゃねぇか！　アイツを潰すぞ！』って怒られた」と。ボクとしては挨拶もし、少し話もして、いつも通り「今日は上がります。お疲れ様でした」と顔を立てて帰ったつもりが、その態度が気に入らなかったらしい。彼らにヨイショしなかったのが気に入らなかったのか、メンバーが叱られるハメになったそうだ。それに対し、メンバーはその怒りの矛先をすべてボクに向けていた。

恩義と礼儀

メンバーが「オレたちが怒られるんだよ。オレたちがヤられたらどうすんだよ！」と怒鳴ってきた。ライブ後で体調を崩していたボクは、朝5時に起こされ呼び出され、意味のわからないことで怒鳴られていることに相当イライラしていた。メンバーから大声で怒鳴られた瞬間スイッチが入った。彼らに尋ねた。「オマエたちの言う礼儀とはなんだ…？

教えてくれるか？　ボクが礼儀を知らないと言うのなら礼儀を説明してくれ」と。頭に血がのぼったメンバーたちが色んなことを口走っていたが、その中の一人が「先輩に対して失礼のないようにすることだろ！」と言った。そのメンバーの顔に顔を近づけゆっくりと言った。「礼儀とは義をもって応えること。恩義のある人に対し義をもって応えるのが礼儀だろ。オマエら、アイツらに返さなきゃならない恩義があるのか？　少なくともボクはない。オマエらがメンバーであるボクを守るどころか、向こう側につくと言うのなら、今すぐオマエら全員ここでヤる。もし礼儀の意味もわからないクソ連中にオマエらがヤられるようなことが今後あるのなら、ボクが命を懸けて守る。好きな方を選べ」と。

しばらくの沈黙の後、メンバーの一人が言った。「オレたちは非力マンだからさ…、ケンカなんかできねぇし」と。彼らもまた理由なく先輩を怖がっていた。先輩というだけで。「オマエらはそうかもしれないが、ボクが全力で守る。矢面に立つ」と伝えた。「何かもしこれから面倒が起きるようなことがあったら全部ボクが引き受けるから言ってくれ」と。メンバーもお互いに顔を見合わせながら「わかったよ」「悪かった」と。しばらくして、やっと落ち着いた彼らにボクのスタンスを告げた。「筋の通っていない人間に礼儀を語る資格はない。ボクはオマエたちの顔を立て今回の打ち上げの席にも顔を出した。恩義のない相手にも礼は尽くした。それで礼儀がなってないと理不尽に言われ、潰してやるとまで言われるのなら全員ヤる。ここに連れてこい」と。

その早朝ミーティングの一件からメンバーの意識が変わった。『こいつヤベェな…』と思っただけなのかもしれない。が、それ以降どのメンバーもボクを彼らの先輩との席に呼ぶことはなくなった。先輩といってもいくつか歳上というだけの話だ。「オマエ、ボクに先輩らしいこと何かしたか？」と先輩に喧嘩を売られるといつもそう尋ねていた。

筋肉少女帯

どんどん悪評が回る中、偶然出逢ったのが【筋肉少女帯】というバンドの〈橘高文彦〉というギタリストだった。当時の橘高くんの立ち位置は特殊だった。筋肉少女帯はビジュアル系ではなかった。そもそも何系に属していたのかはわからないが、彼だけはハードロック系、ビジュアル系だけでなく多くのジャンルの垣根を超えたかなり上の先輩という立場として認識されていた。16歳からデビューしている実力派の彼は色んな業界との繋がりも多く、耽美派という路線を進んでいた特殊なギタリストだった。ボクの目には筋肉少女帯の中でひとり浮いているようにも見えていた。

ある時、突然携帯に彼から連絡が来た。「オマエ、面白いわ。遊びに来いよ、ライブに来い」と。ライブ終了後、楽屋に挨拶に行くと、「オマエを注目してんだよ」と笑顔で言ってきた。彼はかなり変わっていた。そんな彼は多くのイカれたバンドマンにとっても良き先輩だった。それ以来、彼が主催する飲み会や食事会に呼ばれるようになったが、そこに来る連中の半分以上が揉めている先輩や頭のおかしい先輩だった。「テメェがなんでここにいんだよ?」と言われ、「橘高くんに呼ばれたから来てんだよ!」と、こんなやり取りが始まる。そんなボクを見た彼が「オレがGACKTを呼んでんだから、オマエら喧嘩すんな」と間に入り、「GACKTもいちいちそんな言い方すんな。喧嘩になるだろ?」とボクを諭してくれた人だった。「オマエもコイツらに噛みつくな。噛みついたら喧嘩になるだけだろ?」と。「でも、コイツから言ってきてるじゃないですか?」と返すと「今日はオレがみんなを呼んだ飲み会なんだからさ、みんなで楽しくやろうぜ」と笑顔で全員を黙らせた。

とは言え、そんな先輩たちとすぐに仲良くなったわけではない。彼がいてくれたおかげでその場では喧嘩にはならなかったが、トイレに席を立つと必ず誰かが外で待っていて、「おい、テメェ調子に乗んなよ！」と始まる始末。そんなトラブルメーカーのボクを彼は何故か可愛がってくれた。

西城秀樹

それからしばらくして彼が「西城秀樹のトリビュートアルバムを作るからオマエが歌えよ」と言ってきた。そののち、秀樹さんを紹介してくれた。トリビュートアルバムの完成打ち上げパーティーの席で突然、秀樹さんが隣にやってきて、「オマエ、めちゃめちゃ面白いヤツだな。オレ、オマエのこと好きだよ！」と笑いながら言ってくれた。当時、まだ23〜24歳だったボクには秀樹さんはあまりにも大きく格が違いすぎる人だ。そんな彼が気に入ってくれた。「オマエ、雰囲気良いよな。それにいい声してるよなぁ」と。当時、まだ無名のボクからすれば、秀樹さんは手の届かない大御所中の大御所。多くのミュージシャンがいる中で、いきなり隣に座って話し出した時は驚いた。その後、音楽番組で会うと「久しぶりだなぁＧＡＣＫＴ！　元気にしてるのか？」といつも笑顔で気にかけてくれた。橘高くんが縁を繋いでくれた。

筋肉少女帯のボーカル・〈大槻ケンヂ〉は格別苦手な人だった。「オマエは変だ、本当に変。変わってる…」と会うたびに言う。ボクからすれば、あの人の方がよっぽど変わっている。一度、橋高くんに「なんでケンヂさんをボーカルにしたんですか？」と聞くと、「あははは！　アイツはボーカルじゃないよ。詩人なんだよ、詩人！」と答えをはぐらかされたことがある。ケンヂさんもまた、掴みどころのないよくわからない不思議な人だった。「でも橋高が可愛がっているからねぇ、なんでだろうねぇ？」と怪訝な表情でいつも言っていた。ボーカルとしては歌唱力があるわけではないし、特別秀でたボーカリストというわけではない。だが、ステージ上では不思議なオーラと客を惹きつける独特の雰囲気があった。歌が上手いからといって売れるわけではない、何かステージ上で放つ特殊な、特別な何かがないとボーカリストとしてはやっていけないんだろうという認識もこの頃に持つようになった。彼には敵意は感じないがまったく掴みどころのない雲のような人だった。彼と仲良くなることは結局なかったのだが。

橋高くんのおかげで、先輩たちとは徐々に揉めなくなっていった。少しずつ彼らと話をするようにもなっていった。なぜ、あの当時のヤンチャなクソ坊主だったボクをあれほど面白いと可愛がってくれていたのか。ボクと向き合う先輩など一人もいなかった時にだ。あの当時のボクの唯一の先輩で、今でも一人のミュージシャンの先輩として心から尊敬している。随分と連絡はとっていないが感謝の気持ちが消えることはない。

ボクがバンドのメンバーと別れ、26歳でソロになりアニマル社長のもとを離れた後、メンバーの何人かが拉致、監禁される騒ぎが起きた。いつ何が起こるかわからない日常。東京に来てからはそれが普通だった。色んなトラブルに巻き込まれる日々。その頃から自衛のためにナイフを常に携帯していた。使うことは滅多にないが、「いつでも刺し違える覚悟はある」という気持ちの表れだったのかもしれない。今の平和な時代とはまったく違う狂った時代だったからか。客観的に考えても、よくここまで無事に生きてこれたもんだと思う。

謎の男

そんなボクが日常でナイフを持たなくなったのは、「石原裕次郎さんの用心棒」「アントニオ猪木の恩師」として知られる作家の〈百瀬博教〉との偶然の出逢いがきっかけだ。格闘イベント【ＰＲＩＤＥ】の仕掛け人としても有名だった人。32歳のときだ。

ある日、テレビ番組の制作会社の社長が話をしたいと言ってきた。当時は怪しい芸能事務所、番組制作会社、プロダクションが腐るほど存在していた。東京に遊びに来てスカウトされ事務所に行ったらヤバい事務所だったなんてのが横行していた。その会社もまた怪しいうちの一つだったのかは謎だが、呼ばれて一人で訪ねていった時のことだ。その社長と副社長がボクを待っていた。中に入るといかがわしい雰囲気が漂っていた。社長室に通され話をすることになったがなんとも怪しい。広い部屋の奥と手前に豪華なソファーセットが二つ置いてあったが、その奥のソファーに背中を向けて座っている謎の男が一人いた。こちらを見向きもしなければ挨拶も何もない。この時点でかなり違和感があった。帽子を深く被り静かに異様な雰囲気を醸し出して背中を向けて座っている。『護衛か何かか…』とも思ったが、彼らはまるでその男が見えていないかの如く、手前のソファーに座るよう促してきた。異様な雰囲気の中、二人の話が始まった。

「わざわざ、来てもらって申し訳ないね。新しい番組を作ろうと思っていて、司会はビートたけしと浜崎あゆみ。その並びにＧＡＣＫＴ。３人で番組を始めようと思ってるんだけども…」。唐突に話をし始めたと思えば弾丸のように一人で喋っている。捲し立てて話すその社長の話を途中で無理やり止めた。「ちょっとすみません。わざわざこんな風に場を作っていただいて申し訳ないんですけど、テレビにはまったく興味がないんですよ。テレビも嫌いですし、苦手なんで。そもそも、そんな器でもないですから。ボクには過分です。この話、お断りします」と告げるといきなり怒り始めた。大声で色んな言葉を並べていたが、「はい、お気持ちは十分いただきました。自分には本当にもったいない話なので、ヤル気のある他の誰かに回してやってください」と答えると、「テメェ…、何が気に入らねぇんだ！」とキレられてしまう。『まいったなぁ。どうしたもんかなぁ。暴れて帰るか…』とその社長を見据え少し体を乗り出すと、あの謎の男が背中を向けたまままいきなり大声で言った。「GACKTが嫌だって言ってんだろ、テメェら！」。それが、百瀬さんだった。紹介もない中、いきなり割って入ってきたその謎の男を不思議に思った。「なんだ、この人…？　なんでボクの味方になってんだろ？」と。社長と副社長は驚いた顔をしてタジタジになりながら、「いやいや百瀬さん、ちょっと待ってくださいよ！」と慌てていた。百瀬さんが続けた。「テメェらな、GACKTが言いてぇことを酌み取れ！　GACKTはなぁ、たけしとは格が違うから並びたくねぇって言ってんだぁ！」と。いやいやいやいや、そんなことは一言も言ってない。ボクには過分でもったいない話だと伝えた。たけしさんと並ぶのはおこがましいしできないと伝えただけだ。

続けてボクを睨みつけ、「こんな話のわからねえバカ連中といるのは時間の無駄だ。GACKT、寿司行くぞ！　ついてこい‼」と大声でボクに言った。「今からオレの馴染みの寿司屋に行くぞ」と一歩こちらに近づいた。「すみません、米食べないっす」と断るとさらに近づいてきて「テメェ、ふざけんな！」とこの人までキレ出した。めちゃくちゃ怒っている。『何なんだ、この展開…？』と理解不能だった。百瀬さんは止まらず話を続けた。「おいテメェ、今日ぐらい米食えって！」「いえ、米は一生食べないって決めたんで」「そんな人間いねぇだろ！」「いや、ボクは食べないっす」「テメェも頑固なヤツだなぁ！今日ぐらい食えって！」とよくわからないラリーが続いた。

結局そのまま、強引に腕を引かれ寿司屋に連れていかれる。寿司屋のカウンターで腰を下ろすと「GACKTなぁ、オマエもああいう時はもうちょっとオレを立てろ！」と言うので「初めて会って、立てろもクソもないじゃないですか？　誰だか知らないんですよ？」と言うと、「大人の世界ってのはな〜」と長い説教が始まった。話の途中でカウンターの中に向かって「コイツ、米食わねえんだって！　悪ぃな、大将」と言う百瀬さんに、大将は軽い笑顔で応え黙って切り身だけをそっと出してくれた。

アントン

彼がどんな人か、何者なのかはのちに知ることになるが、その場ではただの謎の男。もちろん、突然の登場で何者かなど知る由もない。彼が一方的に熱く語っている途中で携帯が鳴った。彼が「ウルセェな…」と電話に出た。「おー、アントン元気か？　久しぶりだな！　どうした？」と嬉しそうに喋り始める。『アントンって誰だ…？　外国人と日本語で話しているのか？　変わった人だ…』と怪訝に彼を眺めていると、「おー、そうだ。横に今GACKTがいるからよ〜。オマエも確か知ってたよな？」といきなり電話を渡された。『知り合いにアントンなんていないない…』と思いながら電話を代わる。「もしもし、GACKTです」「どうも、お久しぶりです。アントニオ猪木です。お元気ですか！」。まさか、相手が猪木さんだとは思っておらず、「あ〜、猪木さん！　お久しぶりです。アントンって猪木さんのことだったんですね？」と言葉を返したが、それ以降は饒舌な猪木さんが何を話しているのか、95パーセントわからなかった。「あ〜…、はい、はい。そうなんですねぇ…、じゃあ、そろそろ百瀬さんに代わります…」と携帯を戻した。百瀬さんがしばらくして電話を切った後に、「すみません、猪木さんが色々と話をしてくれてたんですけど…、ほとんど聞き取れませんでした」と言うと「オレもアイツが何喋ってんのか、ほとんどわかんねぇんだよ！　ガハハハ」と上機嫌に寿司を食べ始めた。世の中は変わった人ばかりだ。

1時間ほどの食事の後、店を出ると「おい、GACKT。オマエ、暇だろ？　今からオレん家来いぃ！」と言われ、「いや、もう遅いし帰ります。ごちそうさまでした」と断ったが「いいから来いって、テメェ！」と強引に家に連れていかれる。完全に拉致状態だ。彼のマンションに到着し家のドアを開けて驚いた。家の中には信じられないほどの書籍が、すべての床を埋めるほど置かれ高く積み上げられていた。見たこともないほどの本の山だ。そこで初めて彼が何をしている人かを悟った。「あっ、もしかして百瀬さんって物を書く人なんですか？」と聞くと、「まあな！」と軽い返事が返ってくる。だが、解せない点もかなり多い。マンションの門から階上の自宅のドアの入口まで、おびただしい数の監視カメラが明らかに普通の作家ではないことを語っていた。「百瀬さん。失礼ですけど、こんなに監視カメラって要ります？」と聞くと、「オトコにはな、色々あんだよ！」と笑いながら部屋の奥に歩いていった。

小さな部屋に入ると床にドンと座り、「おい、オマエも座れ！」となぜか将棋をするかのように向き合う形となる。奥さんがお茶を出してくれた。ただ静かに熱いお茶を飲むだけの沈黙がしばらく続いていたが、突然「おい、GACKT！　出せ！」とおもむろに手をこちらに伸ばしてきた。「はい？　お金ですか？」と聞くと「バァカ、違えよ！　いいから出せ！」と。「すみません、何をですか？」と聞くと急に真面目な表情でグッと顔を近づけ、「テメェ…、光物持ってんだろ？　出せ！」と睨んでいる。「いやいや、勘弁してくださいよ。そんなの持ってないですよ」と言うと「いいから出せって。オレはな、ソイツの顔を見たら物騒なもん持ってるかどうか、すぐにわかるんだよ！　テメェ、隠してんだろ？　ほら、いいから出せって！」とグッと手を目の前に伸ばしてきた。しばらく彼を見据えながら黙っていたが、観念して足首にしまっていたナイフを出した。初対面でいきなり、「オマエの顔にそう書いてある」と言われたことにも驚いていた。

卒業証書

「GACKTな、オマエにも色々あるんだろう。それは聞かねぇ…。だがな、これだけは覚えておけ。人を刺す人間は、刺されて人生終わんだ。オマエはそんな道を歩く必要はねぇ。今日でこれは卒業。コイツはオレが預かる。百瀬と約束しろ、今後の人生は光物は絶対に持たねぇって」と。そしてまた手を伸ばし、「オマエ、カネ出せ！」と言ってきた。財布から1万円札を出すと「馬鹿野郎！　カツアゲじゃねぇんだ！　50円とかでいいんだよ！」と怒られる。展開がよくわからず「すみません、小銭持ってないっす」と答えると「いちいちめんどくせえヤツだな！　預かり賃だよ！」と言う。結局、1万円札しかなくそれを渡した。「これでオレが死ぬまでコイツは預かっててやるから。もう二度と光物は持たないって約束だぞ？　今日で卒業！」と。不思議な卒業式を迎えることとなった。

上機嫌の百瀬さんが「あ、そうだ。ちょっと待ってろ！」と奥の部屋に向かい、そこから何かを持ってきた。「これはな、すげぇ昔に天龍から預かったヤツだ。アイツも危ねぇヤツだったけどな！」と言いながら「オマエ、持って帰れ！」と30センチほどの長い棒を渡された。その棒の真ん中に飛び出た丸いボタンのようなものがあった。押してみた。次の瞬間、鋭い刃がシャキーン！　と飛び出してきた。こんなサイズの飛び出しナイフなど見たことがない。「イヤですよ！　こんなの持って帰んの！」「いいから持って帰れ！」「イヤですって！」「いいから持って帰れって！」と意味のわからないラリーの末に、それを卒業証書代わりに持って帰ることになった。まったくよくわからない不思議なやり取りだった。出逢ってから3年後、百瀬さんは亡くなった。出逢ってから短い間だったが、PRIDEに招待され見に行くと必ずいた。帽子を深く被ってリングサイドにいつも座っていた。会場で顔を見せると「おー、GACKT。よーし、もう何も持ってないようだな」と笑いながら言っていた。彼との約束はずっと今も続いている。

第五章　出会いと別れ

ボディーガードをつけていた時代が懐かしい。当時はいつも何かにキレては暴れ散らしていた。ＮＨＫも出禁になった。ＮＨＫの音楽番組に出たとき、暴れて楽屋を一つ壊してしまったからだ。【風林火山】に出演する前までの数年間、【紅白】にはずっと出ていない。それまでずっと出禁だった。

当時、ＮＨＫには音楽番組が多くあった。その一つの番組に出演した時、リハーサルをやっている最中、何度も「音のきっかけは、このタイミングで出してくれ」と指示したにもかかわらず、局のスタッフは毎回失敗していた。「きっかけを間違われたら、こっちはパフォーマンスができないから、絶対に間違わないでくれ。生放送なのに、きっかけを間違われるようじゃ困る。プロとしてしっかり仕事してくれ」と厳しい言葉を投げ、もう一度やり直してもまた失敗する。あまりに何度も間違うので「本当にこんな状態で本番大丈夫なのか？」と確認すると、「大丈夫です。本番は絶対間違わないので」と言い切った。「そこまで言って間違えたら、マジでキレるぞ？　リハーサルで一度も成功していないのに本番でできるのか？」と念押しすると「絶対大丈夫ですから！」とリハーサル時間が過ぎているからと無理やり終わらせられた。そして、本番でやはり間違えた。

出禁のＮＨＫ

本番後に戻ってきた楽屋で、抑えていた怒りが爆発した。激ギレして楽屋にあるものすべてを暴れて壊していた。局の人が駆けつけ、「まだ出番があるから来てください」と言う。「オマエらは、できるって言ったこともやらない。一言も詫びさえ入れない。頭を下げもしない。で、出番がまだあるから来いだと？　テメェら全員舐めてんのか！」とブチギレていると、ミスしたスタッフが呼び出され顔を出しに来た。「いや、あれはですねぇ…」とよくわからない言い訳を始めた。そして、ついには目の前で何人かが責任の擦り合いを始めた。あまりにもふざけた態度に抑え切れなくなった感情が更に爆発した。「テメェら！　マジふざけんな！」と暴れ散らして番組の途中でＮＨＫを去った。そして後日、出禁の通知が来た。

それ以降、ＮＨＫの仕事は一切やらなくなった。向こうからは出禁。こっちも二度とお断り。完全に頭がおかしいヤツだと思われていた。ところが、その一件からしばらくして突然、【風林火山】のオファーが来た。ボクのライブを見に来てくれたＮＨＫのチーフプロデューサーが、「上杉謙信はＧＡＣＫＴしかいない」とオファーをしてきた。当時、役者の仕事を始めていたものの、まだ何も結果は残してはいなかった。そんなボクにオファーをくれた。いい勉強になると思い話を聞くことにしたが、その打ち合わせの途中で「そもそも、ボクはＮＨＫは出禁ですけど、これって大丈夫なんですか？」と聞くと「ドラマと音楽は部署が違うから大丈夫！」と笑顔で話を続けた。『テレビの世界ってのはなんだかなぁ…』という想いのままオファーを受けることになった。

撮影の準備が始まった。打ち合わせを重ねるごとに、『やっぱりＮＨＫは相変わらずだな…』と思ったことが何度もある。数度目の打ち合わせで彼らから謙信の外見をいわゆる教科書に載っているような頭にターバンを巻いた僧の格好でやる提案があった。それに対し、「ボクはロン毛でやりますよ」と提案すると、「上杉謙信の肖像はですね…」と理詰めの説明が始まった。もちろん、ボク自身も上杉謙信をやると決めて以降、事前に山形の上杉博物館に行ったりと、資料をかき集めるだけかき集め、かなり勉強していた。

上杉謙信には女性説がある。これは、博物館に行くとそれがさも事実であると感じるほどの多くの資料が残っている。非常に興味深いものだ。信長や秀吉、他の有名な戦国武将も多くいるが、上杉謙信ほど保存状態の質が高い資料がこれほど多く残っている武将も珍しい。上杉謙信が遺したものは、当時からとても大切に保管されていた。現地で「これが、上杉謙信が当時着ていたものです」と見せられた数々の衣服は、明らかに女性が好むような色使いのものが多く、その染料もまた特殊。当時の日本には存在しない染料だった。また、北条氏との戦において、当時、敵方が記した書の中に《男もおよばぬ大力無双》という謙信に対しての記述があるのだが、この表現は男性に対しては決して使わないもの。本当に女性だったのかも…。そう考えると謎は深まるばかりだ。

刀も実際にショーケースから取り出し振らせてもらった。柄がない状態、抜き身の刀だ。調べれば調べるほど謙信はすごく面白い人物であることがわかる。本人が戦場に登場するタイミングでは敵味方にかかわらず、いかにその場にいる者すべてを驚かすことができるか、ということを強く意識していた。当時の謙信の身長では考えられないほどの長い刀を使っている。本来なら重くて振り回すこともできないような刀だ。だが、謙信は片手で軽々とその刀を振り回していた。それを見た北条方の人間が、「男でも持てないほどの大刀を振り回している」と書にそう記したわけだ。実はこの刀には仕掛けがある。謙信の刀は重さを極限まで軽くするために、かなり高い技術で両面にずらし溝が入っている。軽量化をギリギリまで行い、それほどまでに演出にこだわっていた。

謎の上杉謙信

また、謙信が着ていたとされる水干。室町時代から戦国期に移っていく時代に、彼は水干にこだわりそれをずっと着用していた。ボクが大河で羽織っていた、神宮などで見かけるようなものだ。戦国時代に武将で水干を着ている人物はかなり珍しい。古い文化を大切にしていたのだ。水干の色は、わざわざ特殊な染料を使い染めていた。当時の日本にはない色、ピンクや赤っぽい色を調合するためにわざわざメキシコからその染料を輸入していた。それほど色にさえこだわりを持っている人物だった。すごく面白く興味深い人で表現するには深くまで理解する必要があると感じた。

謙信の女性説、男性化説の背景には多くの歴史的事情が重なっていた。戦国時代が終わりを迎え江戸時代に突入すると、徳川幕府による新たな多くの法律が制定される。1615年、幕府が新たに出した「武家諸法度」には「男のみが城を継がなければならない」という新しい内容の法律が突然制定されたわけだ。それまでは女性が城を継ぐことも珍しくなかった時代が続いていた。謙信はすでに亡くなっていたが当時の上杉家は外様、つまり幕府にとっては過去に敵だった相手ということだ。それ故、上杉家は常に取り潰しの可能性が大いにあった。まあ、現代で言えば、過去のことをほじくり出され、因縁をつけられ、社会から抹殺されるようなことがあるように、あの時代でもちょっとしたことで潰される可能性が大いにあったということだ。上杉家を守るために、当時の上杉家の人たちが謙信の歴史をすべて男性に変え女性だったことを抹消したのではとも言われている。400年以上も前の話だ。歴史は常に多くの権力者によって彼らの都合のいいように改竄されるもの。何が真実で何が嘘かなど誰にもわからない。だが、謙信にまつわる話はすべて興味深いものが多くボクを虜にしていった。謙信は戦術や演出に関しても誰よりもこだわり、文献を調べれば調べるほど教科書に載っている内容とは違う多くの不可解な点が見えてくる。たとえば、戦場においても約1カ月に一度、7日から10日もの間、極度の腹痛を訴え、いわゆるテントにこもり一切そこから出てこないことが度々あったという。女性ならピンとくる。生理痛以外に考えられる他の理由があるのか?

これも諸説あるが生涯女性を断っていた。本人が女性であれば一般的にはそうなる。謙信の子供は全員、養子だ。そして、姉を溺愛していた。姉がいつも傍にいて一緒に生活をしている。こういったことが資料を集めれば集めるほど、数々の疑問に対し辻褄が合う答えが見えてくる。

迷いなき強さ

謙信にはぶっ飛んだ面も多く見られた。京都に向かう途中、とある村に立ち寄った時のことだ。その村の住人が失礼だという理由で、その場でいきなり村を焼き払った。大河でも表現したが、北条家と戦う時、たった一人で敵門の近くまで行き、銃の弾が届く距離で酒を飲むシーンがある。自身には常に［神仏の加護がある］と信じ、普通の人には到底できない多くの想像を超える行動を平然とやってのける。信念が強い人とは迷いがない人でもある。普通では命を失う危険なこともいとも簡単にやってしまう心の強さ。己を信じているからこそ迷いがない。迷いがないことが強さの軸となる。ボクはそういう謙信の常識を逸する行動力に惹かれた。

そういう経緯もあって、謙信を表現するなら江戸時代後期の人が想像で遺したような資料、いわゆる教科書に載っているターバンを巻いた僧侶的なイメージではないものを、資料などで先に把握していたことから、「謙信はこんな僧侶的な格好は当時していない。完全に出家したのも川中島の合戦が終わった後のタイミングで、自分のスタイルで表現できる謙信を演じること、むしろ、ボクにしかできない長髪で妖艶で無性的謙信を表現する方が一番やるべきことだ」と局の人たちに話をしたところ、それに対し理詰めで否定され始めた。ボクが「実際はこうではないんですかね？」と調べたことを全部説明すると、局の歴史に詳しい人が面倒くさそうに言った。「まあ昔のことなんでね、何が事実かは結局のところわかりませんよね…」と。

その言葉を口に出させるためのプレゼンだった。「つまり、それはどのイメージで表現してもいいってことじゃないですか？　大切なのは何が正しいかを議論することではなく、どんな謙信を演じ表現するのかということ」と話をまとめた。結果、最初のイメージのシーンだけはどうしても僧侶の感じでやってほしいと言われそれだけを譲り、それ以外はすべてボクのイメージで演じることとなる。

大河の制作発表当初、最初はアンチやバッシングがすごかった。教科書のイメージとは違う姿に「そんなのは謙信じゃない」「ビジュアル系上杉謙信」だの、色んなことを言われたわけだ。ステレオタイプの発言だとは認識したがその声が止むことはなかった。そんな中、ボクが大河ドラマに初回登場する前に、新潟の謙信公祭に先に姿を現すことを決めた。実際に馬に乗り、大河の上杉謙信の出立ちで新潟上越の謙信公祭に登場した時、それまでは3日間で3万人ほどの小さな祭りだったものが、「GACKT謙信」で姿を現したその年、1日で26万人にまで拡大する大きな祭りとなった。まずここで、上越、新潟はもちろんのこと、全国から集まった多くの大河ファン、歴史ファンの人たちが「GACKT謙信」の味方となってくれた。それから風向きが変わった。それまでは世論はバッシングやアンチの嵐だったが、一気に初回から視聴率も上がり逆風を撥ね除ける形となった。大河が終わってからも謙信公祭には7年間出たが実際にボクが目の前に現れ、馬に乗り歩いている姿を見て、『謙信は実際にこんな雰囲気だったんじゃないか』と思ってもらえたならば、やった甲斐があるってものだ。

謙信が幼少期育った林泉寺という寺がある。住職とそのお母さんとも仲良くなった。謙信の多くの資料を見せてもらう中で、彼の［第一義］という信念に心から傾倒した。［常に義を一番に重んじる］というもの。戦国当時、戦いで土地を自国のものにすることは至って普通のことだったが、彼は土地は民のものという考えの上、土地さえも一度も奪ったことがない。ボクの性格的なめちゃくちゃさは信長に近いのだろうが、彼の信念がボクの行動の軸となる大きなきっかけとなった。だが、出演した当時は、アンチの逆風は押し除けたものの演技に関してはずっと悩んでいた時期だった。

役者としての転機

そんな悩んでいる時期にボクを導いてくれたのは心の師、心の父とも言える〈緒形拳〉との出逢いだ。拳さんが謙信の軍師・宇佐美定満役を受けてくれたことがボクの人生にとって大きな転機となった。拳さんが傍で多くのことを教えてくれたこと、導いてくれたからこそボクは大河を最後までやれた。

最初の出逢いは、彼がボクのリハーサルを見に来てくれた時のこと。家臣が集まるシーンの練習で、畳の上で監督やスタッフ、カメラマンだけがいる中で役者が動きながらセリフを読み合わせていた。その最中に、急にスタジオ全体の空気が変わった。異様な緊張感に包まれたスタジオに『何が起きたんだ？』と入口に目をやると、彼がじっとこちらを見て立っていた。『この人、すごいな。一瞬で場の空気を変えた…』と一気に心を摑まれた。ディレクターからは「拳さんは本当に難しい人だから近寄らないで余計なことをしないでくれ。大変だから」と再三言われていた。だが、そんな言葉に聞く耳は持たない。バーッと走って近づき「はじめまして、GACKTです。お会いするのを本当に楽しみにしていました」と挨拶をすると、驚いた様子で「おお〜、よろしく」と笑顔で言葉が漏れていた。

彼は本当に面白い人だった。会うたびにどんどん惹かれていった。とあるシーンの台本読みをした時の話だ。主役の〈内野聖陽〉、拳さん、他の役者、監督、アシスタント、カメラマンがテーブルを囲む。台本を読んでいる途中で突然、拳さんが流れを止めた。険しい顔で、「なあ、監督。なんで謙信は宇佐美にこのセリフを言ったんだ？」と静かに言った。監督は「あの〜、そうですねぇ〜…」とドギマギしている。「拳さん、それは謙信が心底、宇佐美に惚れてたからですよ」とボクが言うと、拳さんは一切表情を変えず全員の顔を見回していた。沈黙がしばらく続く。空気がピーンと張り詰めて笑えるほど痛い。他の役者も互いに目だけを動かし監督になんとかしろと言わんばかりに視線を送っている。監督がこちらを見て『余計なこと言うな！』という顔をしている。彼は険しい表情から急に優しい顔になり、「そうかぁ、なるほどな…」と微笑み、張り詰めた空気がようやく動き出す。こんな風に突然、異様な緊張感を出したと思えば、場をかき乱したりと、誰も予想しないタイミングで色んなことを仕掛けるのが大好きな人だった。空気や雰囲気を常にコントロールし楽しんでいるのが隣で伝わってくる。拳さんが何か始めると周りが凍りつき、ボクが突っ込むという流れが最高に楽しかった。やたらと固いNHKの現場での拳さんの気まぐれでまったく読めない無邪気な行為に、『ほんと、ワルい人だなぁ』とワクワクしながら次に何をやってくれるのかが楽しみで拳さんから離れなかった。そんな彼は台本の読み合わせの時も独特だった。いつも手書きの紙を持参し自分のセリフだけを走り書きで抜き出して覚える人で、現場では台本はまったく開かなかった。

ある日、別の台本読みのリハーサル中に監督のアシスタントが「緒形さん、そのセリフはカットになりました」と言った時のことだ。拳さんはしばらく間を置いて無表情で「おお、そうか…」と答えその場はサラッと進んだ。もう一度、頭から台本を読み始めることに。拳さんのカットになったセリフの手前まで来たとき、「なあ、監督…。これはなんで短くしたんだ？」と言った。アシスタントが間髪入れずに「時間の都合です。よろしくお願いします」と割って入った。しばらくの沈黙の後、拳さんはまた「おお、そうか…」と答え台本読みが進む。もう一度、初めから読み合わせが始まる。拳さんのカットしたセリフの前でまた「なぁ監督…。これは、なんでカットしたんだ…？」と無表情ながら強い語気で質問した。

すると、困った監督が「あの〜、時間の都合で〜」と申し訳なさそうに言った。長い沈黙の後、「おお、そうか…」とまた再開する。その場にいた全員がこの凍りつく時間にドキドキしていた。『何かが起きるぞ！』とボクだけがワクワクしていた。台本の読み合わせが終わって全員が立とうとした時、拳さんが口を開いた。「監督…、セリフっていうのはな、役者の命だ。つまりオマエは…、時間の都合でオレの命を奪うのか…？」と。監督があたふたしながら「いえいえいえいえ！　奪いません！」と支離滅裂なことを口走る。『この人、めちゃくちゃ面白い！』とボクは笑いを堪え肩を震わせていた。どこまでが本気で、どこまでが歌舞いているのか、誰にもわからない。

「オレの心は動かん」

撮影中も楽しくて仕方がない。いつも拳さんの傍にちょこんと立っていた。時間があると拳さんの楽屋に行っては、「拳さ〜ん、何やってますか〜？」と話をしに行く。「おぉ、ガックン。入りな。ところでガックンは好きなものはなんだ？」「ボクの好きなものは〜」となんてことない会話を楽しみながら拳さんの楽屋で時間を過ごしていた。

亡くなってから聞いた話だが、拳さんはこの大河ドラマに出る直前にガンの摘出手術をしていた。退院もかなり早め、過酷な撮影に挑んでいた。体調が悪い日も多く3時間待ち、4時間待ちの時もあった。そのことをチーフプロデューサーだけが知っていた。拳さんを待っている時間はまったく気にならず、「拳さんの体調が悪いなら待ちましょう」といつも答えていた。撮影現場に現れた拳さんに駆け寄って「大丈夫ですか？」と聞くと「おぉ、すまんな。大丈夫…、大丈夫だ」と笑顔で答えていた。実はこの時、体調が悪くて起きられないような日でも、マネージャーに「ガックンが待ってる」と言ってくれていたらしい。

ある日のリハーサルのことだ。謙信の父親の宿敵だった、拳さん演じる〈宇佐美定満〉を説得し自分の軍師になってくれと願う［三顧の礼］のシーンの台本の読み合わせの時のこと。宇佐美はもともと謙信の父親の宿敵で何度も謙信の父親の行手を阻んだ人物だ。宇佐美に初めて自ら会いに行き、己の軍師になってほしいと願いを届けるシーンだ。リハーサル終わりに、「ガックンな、大河ってのは恋愛のシーンがほとんどないだろ？ このやり取りは、言わば恋愛のシーンみたいなもんだ。オマエの今の言葉では、オレの心は動かん。本番までに仕上げてこい」と言われた。その日から本番までの5日間、場所を選ばず一人でセリフの練習を何度も何度も重ねたが、やればやるほどわからなくなっていった。

［演じることとは演じないこと］［演技とはそれを表現する技術のこと］、普段から拳さんがボクに言っていた言葉だ。これがずっと理解できなかった。この言葉を口に出すたびに、『一体これはどういうことなのだろうか？』と頭を悩ませていた。このセリフの練習をしている時にふと、一つの考えが頭をよぎった。『演技をすることとは、与えられた役を自分に纏うのではなく、自身の積み重ねた経験によって得た多くの感情や想いを、役を通して表現していくことなのか？』と。この頃のボクはすでに拳さんに心底惚れていた。しばらく考えた。『謙信のセリフとして［意味］や［内容］を相手の役・キャラクターに届け

るのではなく、ボク自身が拳さんに想う素直な気持ちを役のセリフに乗せ、その想いを真っ直ぐに届けよう』と決めた。本番当日、通常はカメラリハーサルから動きのチェック、本番前の通し、そして本番の流れで撮影は行われるが、「カメラリハが終わったら、すぐに本番にしてほしい」と監督に伝えた。何度もできないかもしれないからだ。拳さんも「ガックンがそう言うならそうしよう」と答えてくれた。

たった一人のためだけに仕事をする、その幸せ

拳さんの背中側にカメラが何台も並び、すべてのカメラが拳さんの背中越しにボクを狙っている。拳さんは背中しか映っていない。本番が始まった。拳さんに対する想いを謙信の長いセリフに乗せ素直に届ける。セリフの途中で拳さんの厳しい表情がスーッと『ほー』という顔に変わっていった。最後のセリフが終わった。まだカットがかかる前だ。拳さんはカメラにわからないようにニコッと微笑み、そっと親指を立て『よかったぞ！』と満面の笑みを届けてくれた。

その時に新たな喜びと気づきを得た。『ボクはこの人に喜んでもらうために、それだけ

のためにここに来ているんだ…』と。今までは、仕事はすべてファンのためだけのものだった。自分の感情はまったく関係なく、私情などはいらないと思っていた。その日、初めて持った感覚に驚いた。『ボクは拳さんに喜んでもらうためだけに演技をやってるんだ…』と。『たった一人に喜んでもらうために何かをすることが、これほど幸せなことだったんだ』と初めて気づかされた。それまで演技をするということに迷い道を見失いかけていたボクを、拳さんの優しい笑顔がいつも導いてくれていたことに気がついた。

愛を届けることの意味

大河の前半部分と、拳さんが参加してからのボクの演技の質はまったく違うものとなった。拳さんが常に引っ張ってくれていた。「ガックン、ここはこうしなさい」「ここは、こういう方がいいよ」と導いてくれた。「わかりました。やってみます」。自分のできる限りの力で応えていた。表情も、キメ細かい部分まで教えてくれた。「ガックン、ここの顔ちょっとやってみな」と言われやってみると「キツすぎるなぁ、もっと笑顔の手前の表情ぐらいにしてみな?」と。スッとその表情を見せると、「うん、その表情の方が伝わる。その目、良いなぁ」と細かいところを一つ一つ褒めて教えてくれた。まさしく父親のような存在だった。

撮影中盤に差し掛かった長野のロケに行った時のことだ。昼休憩に入り車内で休んでいた。拳さんがいきなり車のドアをパッと開けて、「おい、ガックン。シイタケ食うか？」と言ってきた。カセットコンロの上で、フライパンでシイタケを焼いていた。「オレは弁当、食わないんだ。どんなことがあってもその場で火を通したものしか食わない。便利なものを口にすると早死にするぞ…」と言った。フライパンを囲み、ふたりで食べた。ボクはなぜ、その時にこんなことを言ったのかわからなかったが、拳さんに言った。「拳さん…、ボクの演技でこれは違うなと思うことがあったら必ず言ってくださいね…」と言うと、拳さんの動きが止まり顔が急に怖くなった。

こちらをずっと見ている。暫く沈黙が続いた。ゆっくりと箸を置いた拳さんが口を開いた。「なあ、ガックン…。オマエがやらなきゃいけないことは、オレはこれまで全部言ってきた。周りがオマエの演技をどうこう言うかもしれない。だがな…、この緒形拳が言うんだ。オマエはできてる。オマエがやらなきゃいけないことはすべてできている。この緒形拳が言うんだ。他の周りの誰が何と言おうとオマエはできているんだ」と。すごく厳しい顔で一つ一つゆっくりと言葉を届けてくれた。そして急にニコッと微笑み、「大丈夫。パパがついてる…」と言い、また箸を取りシイタケを食べ始めた。ボクは届けてくれたそのあまりにも優しい言葉に、『ずっとこの人はボクを守ってくれていたんだ…』という想いに胸がいっぱいになった。それまで詰まっていた感情が雪崩のように溢れ出た。気がつけばボロボロと涙がこぼれ落ちていた。泣きながら何度も何度も「ありがとうございます…、ありがとうございます…」と繰り返していた。『今まで、こんなにも人から愛を届けてもらったことが自分の人生にあったか』と。愛情に疎遠だったボクにとって、人生で初めて他人からの愛を深く感じた。ボクの人生での大きな転機となった。無償の愛を届けることの意味を知った。誰かに愛を届けることで救われる人間がこの世界には大勢いるんだということを自身で体験し実感した。その人のさりげない笑顔によって救われることがある、それを心から理解した。この日の出来事は昨日のことのように鮮明に覚えている。

笑顔の別れ

撮影は無事に進み、最終日を迎えようとしていた。ボクと拳さんは偶然にも撮影最終日が同日だった。チーフプロデューサーが気を使ってそうしてくれたのだろう。最終日前日の撮影が進むにつれ、どんどんと気分が落ちていった。『もう、拳さんと離れなきゃいけないのか…』と一人で勝手に落ち込んでいた。そんな撮影の休憩時にチーフプロデューサーが声をかけてきた。「GACKTさん、どうしたの？　暗い顔して」と。「いや…、もう拳さんと離れなきゃいけないんだと思うと急に寂しくなっちゃって…」となぜか素直に答えていた。

しばらくして、そのチーフプロデューサーがニコニコ笑いながら拳さんを連れてきた。拳さんがボクの横に座り、「なあ、ガックン…。明日で撮影が終わってしまうだろ？」と言った。「はい、寂しいです…」と答えると、「あのな、ガックン。明日の撮影で終わるんじゃないんだ…。明日からやっと始まるんだ。オレとオマエが出会った意味がやっと動き始めるんだ。だから、何にも寂しいことなんてないんだぞ？」と優しい笑顔で言ってくれた。そんな拳さんの顔を見て「そうですか？」と答えると、「明日は、そこから始まるスタートを二人で笑顔で迎えような」と優しく言った。その日の撮影は終えたものの翌日の撮影に特別な想いが募り、まったく眠れなかった。

撮影最終日、現場に入り前日に言われた言葉を思い出していた。『そうだ。寂しいことじゃないんだ。拳さんも笑顔で迎えようって言ってたんだ。最後は笑顔で拳さんにありがとうって言おう』と。香盤を見ると、拳さんの方がボクよりも少し早く最終カットを迎えることを知る。拳さんの最後のカットをカメラの横でずっと見ていた。拳さんの優しい最後のセリフがキマり終わりを迎えた。「はい、OKです！　それでは、長い撮影でしたがこのシーンを持ちまして、緒形拳さんはすべて終了となります！」。アシスタントの声と同時にスタジオ全体が拍手に包まれた。『とにかく最後まで笑顔で拳さんを送り出そう』と心の中で何度も呟いていた。拳さんの挨拶が終わり、次のシーンの準備に入る。ボクは拳さんをスタジオから送り出した後、廊下で一人、ぼーっと座っていた。

しばらくして、チーフプロデューサーが横に座った。「いよいよ、GACKTさんも終わりを迎えるね。気分はどう？」と聞かれ、「昨日、拳さんが笑顔でって言ってたから、最後まで笑顔でいますよ」と答えた。すると、奥から拳さんが歩いてきた。チーフプロデューサーが「お疲れ様でした！　大変な撮影でしたが無事に終わりましたね」と声をかけると、拳さんはボクを指差し、「オレはコイツがいたから…、コイツがいたからここまでやれたんだ！　コイツがいたから…」と言葉を詰まらせびっくりするほど泣き始めた。そんな拳さんに「笑顔でって言ったじゃないですか？　今まで本当にありがとうございました」と深く頭を下げるボクの背中を、拳さんは黙って何度も何度も叩いていた。

大河の撮影も終わり、その後すぐにハリウッド映画の撮影でルーマニアに行くことになった。同時に拳さんは北海道での撮影が始まった。その作品が拳さんの遺作となる。撮影の間もずっとＬＩＮＥで連絡を取り合っていた。「ガックン、元気か？」とメッセージが来る。何気ないやり取りをしていた。撮影が終わって帰国したタイミングで一緒に食事に行く話で盛り上がったりと、海外での過酷な撮影スケジュールの中で疲弊するボクにはそれが唯一の救いだった。「撮影が終わったら、日本で一緒に蕎麦を食べに行きましょうね」
「おー、蕎麦かぁ。大好きだぞ」とたわいもない話を交わしていた。

ルーマニアでの撮影が終了し日本に帰国した。すぐに次の新しいライブ【ＲＥＱＵＩＥＭ ＥＴ ＲＥＭＩＮＩＳＣＥＮＣＥ Ⅱ】のリハーサル準備に入った。慌ただしく時間が流れていく日々を過ごしていた。拳さんと食事に行く約束の日のちょうど2週間前、突然、彼のマネージャーから連絡が入った。なぜかわからないが携帯を見た瞬間に『亡くなった』と虫の知らせを感じた。電話を取り「亡くなったのか？」と聞くと、「先ほど亡くなりました…」と泣きながら言葉にならない声で彼女がそう言った。

壊れた蛇口

その後、遺族の方たちが特別に時間を作ってくれた。ふたりきりで過ごす時間を作ってくれていた。棺に寝ている拳さんは穏やかな顔をしていた。その顔を見て、「アナタは本当にすごい人ですよ。きっと、撮影の最中もずっと痛かった、苦しかったはずなのに…。いつも笑ってましたもんね」と語りかけていた。もちろん、何を話しかけても応えてくれることはない。歌舞いて生きてきた拳さんに「お疲れ様でした」と笑顔で告げた。重い病気だったことを誰にも言わず、オペ直後の厳しい大河の撮影時も相当キツかったはずなのに気丈に振る舞い、いつも笑顔でいた。歌舞いて生きてきた人のとても安らかな最期の寝顔だった。『自分もそういう人生でありたい』と素直に思った。最後まで笑って見送ろうと、とにかく笑顔でいることを心がけた。拳さんに別れを告げた後、玄関で待つ遺族の方たちに挨拶をした。「本当にこうやって時間を作っていただいてありがとうございました。ボクは拳さんに本当に救われました。ボクにとって拳さんは父親のような存在でした」。そう告げた瞬間に急に壊れた蛇口のように涙が溢れ出てきた。我慢しようとしたがどうにもならないほど泣いていた。そこから2週間、完全に壊れてしまい、何もできなくなってしまった。２週間後、自宅のロビーで拳さんと撮った写真を眺めている時にふと声が聞こえた気がした。『いつまでそうやって泣いてんだ？　前に進め』。色んな思い出が頭の中を駆け巡った。『そうだ、前に進まなきゃダメだ。せっかく拳さんが遺してくれたものがたくさんあるのにこんな風に立ち止まって何やってんだ？　拳さんとの思い出は消えない。拳さんから受け取ったものも消えない。彼から受け取った一つ一つの大切なものを一人でも多くの人に届けなきゃいけないんだ。次はボクが届ける番なんだ』と。そこから無我夢中で曲を書き始めた。ライブのリハーサルに入ったのは曲を仕上げた翌日からだった。

あれから数年経って嬉しい知らせがいくつか届いた。（緒形拳さんの息子の）直人さんの子供と、直人さんのお兄さんの息子がインスタのDMでメッセージを送ってきた。「おじいちゃんの息子の直人の息子の〜」と突然の出来事に驚いた。「毎年、お墓詣りありがとうございます。ボクも今、役者の勉強をしています！」「そうかぁ。頑張っているのか？　おじいちゃんやお父さんに負けない、素敵な役者になってくれることを心から願っているよ」とたわいもないやり取りだったが心の底から嬉しかった。もちろんボクは拳さんと血が繋がっているわけでもない。そんなボクを拳さんは息子のようにかわいがってくれた。こんなことを言うのはおこがましいが、ボクにとっては本当に「心の父さん」だった。

「まだ頑張っています」

「拳さんから受け取ったもの。それを一人でも多くの人に届けなければ」という想いだけがいまだにボクが演技を続ける理由だ。拳さんが最後に遺してくれたもの。それを止めたくはない。

毎年、彼のお墓に行って「まだ頑張っています、次はこんな作品をやるんですよ」と報告している。それは自分がまだ笑顔で頑張っていることをただ伝えたいだけなのかもしれない。だが、あの出逢いがあったからこそボクは大河を乗り切れた。こうやって演技を続けてきたからこそ【翔んで埼玉】や他の多くの素晴らしい作品にも巡り合えた。人との出会いには大きな意味があり、人生とはその出会いを繰り返す中で生まれるドラマを通し多くのことを学ぶこと。出会いも別れもたくさんある。橘高くんも百瀬さんも拳さんもだが、人生の節々でキーとなる人たちが多くの生きる［意味］と［教え］をくれたことが今のボクのすべてに繋がっている。

第六章　仲間たちとの教訓

30代、色んな業界の人たちと出会った。多くの起業家の人たちとも出会った。ホリエモン、サイバーエージェントの藤田くん、楽天の三木谷さん、角川ドワンゴのノブオくん、バイク王の加藤さん、ダイニングイノベーションの西山さん、フルキャストの平野さん、ゲンダイエージェンシーの山本さん、挙げればキリがないほど多くの人格者の先輩たちとの出会いがあった。今も付き合っている人たちの多くは、ほとんどが起業家の先輩ばかりで、彼らから学ぶものは信じられないほど質が高く、そして深い。

芸能界にも素晴らしい人が多くいる。北島三郎さん、アッコさん、さんまさん、たけしさん、挙げればキリがないほど芸能界は素晴らしい才能とそして他の業種にはなかなか見ない異質なオーラを持つ人が多い。北島さんとの出会いは最初から激しかった。ボクがソロになってからのレコード会社は日本クラウンだった。日本クラウンに決めたのは、他のレコード会社とは比較にならないほどの好条件を提示してきたからだ。契約金もライブの援助金もすべてが破格だった。

その年、日本クラウンの本社ビルで所属アーティスト全員が集まる新年会があった。演歌の人たちばかりでロックはボクとほんの数人だけ。会社の役員も全員来ていたが、トップは北島さんとなる。北島さんが会場に現れた時、自分から近づいていった。多くの取り巻きの中に入り、「初めまして、GACKTです」と頭を下げ挨拶をしたが「なんでオマエ…、ここにいるんだ？」と一発目から強烈なパンチをかましてきた。

殴りに行く

当時のプロデューサーが必死にボクの腕を引っ張り、「怒るなよ！　何もするなよ！」と言いながら会場の一番後ろまで連れていった。かなりヒクつくボクに、一番離れたところからステージ上で行われる会社の役員挨拶を最後まで静かに眺めるように指示した。しばらくして北島さんがステージに上がり話を始めた。大御所中の大御所だ。ステージから放っているオーラも独特で異様だ。『すごいオーラだな…』とその様子を見ていた。

最初は新年の挨拶、抱負などを語っていたが突然、気になる言葉が耳に入ってきた。「クラウンってのは演歌。演歌あってのクラウン」。ここまでは『まあ、そりゃそうだ。確かにな…』と聞いていたが、「ロックとか、そういうチャラチャラしたよくわからないのをやる会社ではないんだよ」と。瞬間的に『あれ？　これ、ボクのこと言ってんのか？』

と脳内でスイッチが入った。その前のこともあり完全にキレていた。会場に群がる人ごみを掻き分けて真っ直ぐステージまで歩いていった。一発ぶっ飛ばしてやろうと。ステージから5メートルほどの距離で北島さんと目が合い、ボクが近づいているのに気づいた様子だ。そしてステージ上からボクの目を見据えながら言った。「ほー、中には気合いの入ったヤツも、いるようだな…」と。そう言いながら北島さんはニンマリ笑っていた。『わかりゃいい、わかりゃぁ!』と立ち止まって笑い返した。

その後、初めて［紅白］に出た時のことだ。北島さんがいると聞いて楽屋に挨拶に行った。「GACKT入りま〜す」と笑顔で入ると、「おお〜! オマエかぁ!」と満面の笑みで迎えてくれた。「元気そうだな。ったく、色々聞いてるぞ? 相変わらず気合い入っているな、オマエ!」と嬉しそうに言う。「勘弁してくださいよ。あまりいじめないでください」と言うと大笑いして「ここでは暴れるなよ?」とボクの背中を叩いた。それ以来、可愛がってくれるようになった。他のジャンルの音楽をやっている連中は、チャラく見えたのだろう。ボクにもそう感じることは多々ある。音楽フェスに出るたびに『コイツ何も考えてないな…』『なんで、こんなにリハーサルが適当なんだ?』『情熱も気合いも入ってないな、コイツら…』と思うことが頻繁にあった。あの新年会は北島さんなりの若手への気合いの入れ方だったのかもしれない。

殴り込み

テレビ朝日が主催するフェスに出た時のこと。ボクがトリで隣の楽屋がＳＵＧＩＺＯだった。それぞれが持ち曲を3〜4曲披露するテレビ局主催の音楽フェスで、リハーサルからＳＵＧＩＺＯの演奏を見ていた。インディーズの頃、過去に一度会ったことはあるが、仲良くなることもなかった。ＳＵＧＩＺＯの演奏に『相変わらずギター上手いなあ』と、人となりは知らないものの同じミュージシャンとして尊敬していた。ＳＵＧＩＺＯからすればボクは後輩。フェスに出ているメンツでＳＵＧＩＺＯが一番上の先輩で、あとは後輩ばかりというフェスだった。ボクのステージはダンサーも10人と所帯が大きい。ボクらは本番の前、メンバーとダンサー、スタッフが集まり結構な大声で気合い入れをする。かなり性格の荒いダンサー、メンバーをまとめるために色々と苦労していた時代だ。

本番前の気合い入れの最中に、隣の楽屋から「何が気合い入れだよ！　うるせえな、殺すぞ！」という声が聞こえた。聞こえたのは隣のＳＵＧＩＺＯの楽屋からだった。幸いにも、その声はダンサーには届いてなかった。全員がこれから始まるステージに相当気合いを入れていた。偶然だが壁側にいたボクだけがそれに気づいていた。うちのダンサーは今でこそ、ある程度落ち着いたものの、当時は手に負えないヤンチャな連中ばかりだった。どこでもすぐ暴れて見境なく喧嘩するような荒い性格のヤツばかりだ。『コイツらに聞こえてなくてよかった…』と安堵した。聞こえでもすればすぐ乗り込んで暴れていただろう。こちらは人数も多い。とにかく、少しでも早くステージに彼らを送らなければ大変なことになると思い、ダンサーたちに「オマエらはステージに先に行っとけ!」と指示を出した。彼ら全員が廊下の角を曲がっていなくなったのを確認して、『ふぅ〜、良かったぁ』と安心した。とりあえずこれで大ごとにならずに済んだわけだ。あとはきっちり吐いたツバを拭いてもらうだけ。SUGIZOの楽屋のドアをそのまま蹴破って「殺せるもんなら殺してみろ!」と入っていった。

楽屋では、SUGIZOは一番奥の離れたところで本を読んでいた。『なんか、テンションが違うな…』とは思ったが、こちらの楽屋の壁側に素行の悪そうな彼のサポートメンバーたちが座っていた。完全にビビってブルブルと震えていた。ボクが知っているのはSUGIZOだけ。震える雑魚に興味はない。「おい、殺せるもんなら殺してみろ!」。SU

GIZOが本を閉じて立ち上がった。「なんだテメー！」。そこから双方のスタッフが入り乱れてガチャガチャになった。うちのスタッフが「これからステージがありますから！」とボクを抱え外に出した。めちゃくちゃキレて収まりがつかなくなっていた。実はSUGIZOのマネージャーと、うちのマネージャーはかなり仲が良かった。ステージが終わってからうちのマネージャーから聞いた話だが、素行の悪いサポートメンバーが言っていたそうだ。SUGIZOも手を焼いていたらしい。だが、ボクからすれば『サポートメンバーであろうが下の者の責任はトップの責任。上に立つとはそういうことだ』と。

その後、テレビ局の局長が来て仲裁に入った。どういうことが起きたのか説明を求められた。「ステージ直前にあんなことされれば誰だってキレますよ。しかもうちは人数も多い。血の気の多い連中がいるのをわかってて喧嘩を売ってきた。そっちは4人。もちろん、全員で行けば収拾がつかなくなる。だから一人で行った。一応、それなりに気は遣いましたよ。ボクだけなら4対1。人数を引き連れて汚いだの言われることもない。喧嘩を仕掛けてきたのはそっちですから、買っただけの話です」と。暫く話は続いたが、結局、お互いスッキリしないまま楽屋に帰ることになった。その後、うちの連中も事情を聞きつけ、「アイツらをヤる！」と騒いでいたが、「もうやめろ、全部終わった。絶対に手を出すなよ！」とメンバーやダンサーには注意をした。結果として、ただSUGIZOと仲が悪くなったという結末だけが残った。【S.K.I.N.】結成の2年前のことだ。

ダメなお兄ちゃん

2006年にロスでYOSHIKIと初めて会った。「うちで飲む？」という誘いから、「じゃあ飲もう！」とドンペリを二人で20本近く空けた。「大丈夫？　仕事は？」と聞くと「うーん、わかんない」と最初から天然全開のYOSHIKIと朝6時半まで飲んでいた。その後もタイミングが合えば遊ぶようになり、海外でも日本でも二人で馬鹿騒ぎをするようになった。最初に会った時はただだくだらない話をしていただけ。年齢もボクよりかなり上で、ビジュアル系の一番上の先輩であるのは事実なのだが、初日に「なんて呼べばいい？」と聞くと「オレもGACKTって呼ぶからYOSHIKIでいいよ〜」と。「じゃ、YOSHIKI」とそんなやり取りからすぐに兄弟みたいな関係になった。遊ぶたびにYOSHIKIの良いところ、ダメなところ、だらしないところを垣間見るようになり、「そんなことしちゃダメじゃん！」「あーもう！　そんなことするからダメなんだよ〜！」と事あるたびに言えば、「GACKTがいるから大丈夫だよ〜」とダメダメなお兄ちゃん全開だ。先輩という立場ではあるが兄弟のようなやり取りが多い。ダメなお兄ちゃん。酔っ払うと「しっかりしてよ」といつも言っている気がする。

その後、YOSHIKIから飲んでいる時に、「音楽を一緒にやらないか？」という誘いがあった。これがのちの【S．K．I．N．】になる。他のメンバーに誰を考えているのかを聞くと「ギターはSUGIZOかなぁ」と言われ「SUGIZOかぁ…」とため息が出た。「え？　どしたの？」と聞かれたので「いや、喧嘩しちゃったんだよねぇ。彼の楽屋で暴れちゃって。まあ、理由はともかく、いきなり楽屋に乗り込んでいっちゃったからさ。ボクはもう何も気にしていないけどSUGIZOはどうなんだろうねぇ…。一応、先輩後輩だし」と伝えると「いいよ！　じゃあヤっちゃって！」とYOSHIKIが言う。「いやいや、メンバーにしようって言ったじゃん！」。こんな話の流れが日常茶飯事だ。結局、結論も出ないままその日は終わった。

毎年、誕生日パーティーは盛大に行う。その年のパーティーはクラブを貸し切って行われた。パーティーが始まる前に多くの仲間が会場に駆けつける。楽屋で『もうそろそろだな…』と準備をしていた時に、スタッフの一人が走ってきた。「すみません、ちょっといいですか？　あの～、SUGIZOさんが来てるんですけど…、どうしたらいいですか？」と。『はぁ？　マジか…。バースデーの当日に殴り込みかよ…』と萎えた。だが、訪ねてきた人間を追い返すのも筋が違う。「通してくれ」と伝えるとしばらく経ってSUGIZOが現れた。『こんなタイミングで殴り合いとかやだなぁ…』と思っていると、SUGIZOから距離を詰めてきた。『マジか…』と一瞬緊張が走った。すると、スッと手を出して、「色々あったけど、誕生日おめでとう！」とボクの手を強く握った。そして、SUGIZOがカバンから何かを取り出した。紙に包んだものを見せて「何？」と聞くと、パワーストーンだと言う。「体の近くに置いといて。きっといいことが起きるから」と言った。「そうなんだ…。とにかくわざわざ来てくれてありがとう」と返した。めちゃくちゃ変わった人だと思ったが、なぜかその日をきっかけによく話すようになった。すぐに仲良くなった。YOSHIKIが来るように言ったのか、あの大きいパワーストーンが効いたのか？　どちらにせよ、あの当時はかなりボクにムカついていたはずだ。それがわざわざ誕生日に足を運んで、自ら手を差し出すSUGIZOの器の大きさに救われた。

だが、彼と一緒に飲みに行くことはほとんどない。どちらかといえば、同じLUNA SEAのメンバーのINORANくんの方が飲みに行く。だが、何故かSUGIZOとは縁がある。ボクが歯の治療でクリニックの診療チェアーに横になると、隣から「お～、GACKT～。久しぶりだねぇ」と声がかかる。顔にかかった布を取ると、横でSUGIZOが同じように横になってる。「匂いでわかったよ～」と。「何してんの、こんなとこで！」と言うと「歯の治療だよ～」と。そりゃそうだ。

喧嘩の理由

【S．K．I．N．】を始めてから初めてYOSHIKIと喧嘩した。それからYOSHIKIとは2年間ほど、連絡を取らなかった。現場でめちゃくちゃ揉めた。原因はYOSHIKIの遅刻。酒では喧嘩しない。

長いリハーサル期間を日本のリハーサルスタジオで設けたが、結局、YOSHIKIがスタジオに現れることは一度もなかった。全員でリハーサルを一度もやっていない状況から、急遽、現地の会場で前日リハーサルを行うために昼12時からリハーサルを始めることになった。全員が揃っていた…、YOSHIKI以外は。結局、待っても待っても一向にYOSHIKIは現れない。ここまでくると芸術的とさえ思ったほどだ。夕方の4時を回った頃、メンバーのSUGIZOとMIYAVIがボクの楽屋に入ってきた。MIYAVIが言った。「ガク兄ぃさ、この状況ヤバくない？」と。そんなことはみんながわかっていることだ。MIYAVIが続けた。「やっぱさ、YOSHIKIさんを呼ばなきゃダメだと思うんだよ」と。これも当たり前の話だ。「それで？」と聞くと、「ここはさ、ガク兄ぃが電話をしてYOSHIKIさんを連れてこないとって思うんだよねぇ」と。『出たよ！』とは思ったが二人に言った。「あのさ、そう思うなら自分で電話すりゃいいじゃん。ボクは絶対にやだ。だってモメるじゃん、絶対に。っていうか、SUGIZOがこの中で一番歳上で先輩なんだからSUGIZOが電話したらいいじゃん」と言うと、「GACKTさぁ、オレとYOSHIKIさんは先輩と後輩じゃん。その点、GACKTは違うじゃん？　やっぱりここはGACKTだと思うんだよねぇ」と。『この二人…、ボクにイヤな役を押し付ける気だな…』と思ったので強めに言った。「あのさ、ボクもYOSHIKIの後輩！」と。SUGIZOが続けた。「いやいや、オレは直の後輩だからさ、そういうのはやっぱ言えないじゃん？　でも、GACKTは言える後輩じゃん。これはやっぱりGACKTの役目だよ〜！」。結局、二人ともボクにその役を押し付けていった。『絶対に後でモメるやつじゃん！』と思いながらもYOSHIKIの携帯に電話をした。

電話をすると、すぐにYOSHIKIが出た。『強く言わないと絶対に来ない気だな、これ…』と思ったのでかなり強い口調で言った。「もしもし、YOSHIKI？　みんな会場で待ってんだよ！　何やってんだよ、リハーサルできないじゃん。早く来いよ！　もう時間ないぞ！」と。するとYOSHIKIがキレながら言った。「そうやってみんなが電話してくるから、オレは出ようと思ってんのに、『家の電話が鳴ってる！』と思ってまた家に戻らなきゃいけないいんじゃん！　もう、勘弁してよ！　家を出ようとしてる矢先に、みんな邪魔しないでよ～！　家から一歩も出れないいんじゃん！」と。YOSHIKIに聞いた。「じゃあ、今、家を出ようとしてたわけ？」と。「そうだよ！　GACKTがさ、電話してきたからまた家に戻ってきたんじゃん！　ほんと勘弁してよ！」と凄い剣幕で怒っている。「あ、そうなんだ。そりゃ、悪かったね…。ってかさ、道も混んでるんだからさ、気をつけて来ないとダメだよ。もう、家に電話しないからとにかく早くおいでよ、わかった？」と言うと、「わかったよ。あと20分ぐらいで着くと思うから待ってて、それじゃ、後でね。はーい」と電話を切った。暫くして、よくよく考えてみた。

『あれ？　ボクは家の電話に連絡したんだっけ？　あれ？？？　やられた…』と。

結局、YOSHIKIが会場に現れたのは夜8時。会場が閉館する時間だ。『一度も音を合わせていないのにふざけんな！』と猛烈に怒っていた。8時ちょうどに会場を出ようとしたボクの前にYOSHIKIが突然現れた。「おはよ～」と。そしてボクを見るなり聞いてきた。「あれ？　GACKT？　どこ行くの？」と。「もう、会場が閉館するから帰るんだよ」。すると、YOSHIKIが言った。「ダメだよ～！　そんなわがまま言っちゃ！　リハーサルやるよ～！」と。

ギャグのような話だが、これがYOSHIKI劇場だ。そこから色々あった…。が、もう過ぎたことだ。思い出すとまた腹が立ってきた。まったく…。ボクも時間にはかなり緩い方だが、YOSHIKIのそれはウチナータイムを極めた…本当にダメな人…。唯一の解決方法は、［諦める］しかない。

ボクがCM撮影を都内から離れたスタジオでやっている時、たまたま同じスタジオに夕方、YOSHIKIがフラッと来たことがあった。「何やってんの？　こんなとこで」と聞くと「いやいや、GACKTは何やってんの？」と聞き返される始末。「撮影だよ！」と答えると「えぇ～、偶然だね。オレも撮影だよ～」と。「……遅くない？」と聞くと「え～、遅いのかなあ？」と聞き返してくる。「あのさ…、撮影ってのは普通みんな朝から…どれだけ遅くても昼からは始めるだろ?」と。YOSHIKIは「かもね〜」と答える。『絶対に遅刻だろ!』と心の中で叫んだが、もう言葉に出すのはやめた。

YOSHIKIにとっての時間の感覚は日付けだけなのだろう。そのことも彼のマネージャーに伝えたことがある。「YOSHIKIを人間だと思うな! YOSHIKIはライオンなんだ! ライオンに時間を守れという方がおかしいだろ! マネージャーってのは、そのライオンを無理やりにでも檻に入れて連れて来んのがオマエの仕事だろ!」と。『無茶苦茶なことを言ってるよなぁ…』とは思っていた。ちなみに、ライオンを否定しているわけではない。

家族みたいに踏み込み、兄弟のようになる

その後、しばらくは距離が空いたものの、2年後ぐらいにはまた普通に飲むようになった。「あの時はさあ〜」と、いきなり電話してきて六本木で彼の愚痴を聞くハメになった。ちなみに、ボクが彼のことをYOSHIKIと呼ぶのも、自分の兄のことを兄貴と呼ぶのと似ている。

先輩という認識はもちろんある。タメ口では話すがリスペクトも当然にある。ボクは歳上でもタメ口で話す人は多い。HYDEもSUGIZOもそう。ほとんどのバンドマンは先輩だ。それでもタメ口で話すからと言って同じ目線で見ているわけではない。周りから見れば仲良く見えるかもしれないが、根底に強いリスペクトがある。こういう振る舞い方は、日本人にとってはあまり馴染みがなく難しいことなのだろう。先輩という立場になると、一定の距離がありタメ口で話すこともない。だが、ミュージシャンとしての深いリスペクトがあるからこそ、尚更、タメ口ではあるが失礼のないように振る舞っている。

YOSHIKIは一つの音楽シーンを作ったミュージシャンだ。裏でどれほど努力したかも知っている。めちゃくちゃなところも知っている上に、いい加減なところもたくさん知っている。彼ともよくこの話をするが、心の底から「本当にダメなお兄ちゃん」という存在だ。勢いのあるダメで無茶苦茶なお兄ちゃん…だ。

彼が【THE LAST ROCKSTARS】をやる前にも連絡をしてきた。「やるんだよ~」と。「あっ、そうなんだ。じゃ、頑張って」とそこからは雑談。のちに、世の中ではボクとＹＯＳＨＩＫＩの関係に対し憶測で色々言っていた者もいたが、ＹＯＳＨＩＫＩとは二度と音楽活動はしない。お互い揉めてキレるのもわかっている。めちゃくちゃリハーサル命のボクと、真逆のＹＯＳＨＩＫＩ。まったくスタンスが違う。音楽はＹＯＳＨＩＫＩのペースに合わせることができる者が一緒にやればいい。そうでなければ必ず揉める。少なくともボクはそのタイプではない。

彼は本当に変わっている。先日も自分から電話してきたはずなのに「え？　ＧＡＣＫＴ？　どうしたの？」と言う。「そっちが電話してきたんじゃん！　こっちは朝の5時だよ！」と言うと「ウソ〜、そうかぁ、時差があるからなぁ」と言う。怒った方が負け。「ちなみにそっちは何時？」と聞くと「朝の6時〜」と。1時間しか変わらない。「ねぇ…。一体なんなの？」と聞くと「なんなんだろうね〜」と答える。理解不能…。特殊ＡＩと話してるようだ。

普通、ほとんどの人には先輩・後輩という関係性がある。それ故、それ以上にも以下にもならない。ボクは彼をお兄ちゃんだと思っているからイヤなこともガンガンに突っ込む。ダメなところはダメ、「何やってんだよ！」と突っ込む。歳上だからと言ってオブラートにかぶせてモノを言わない。相手に中途半端な遠慮は却って失礼だと思っているからだ。

それは『こんなこと言ったら怒るかも』や『こんなこと言うと気分を悪くするかも』など、相手の器に対し過小評価しているにすぎない。相手のことを尊敬するなら相手の器の大きさも信じること。もし、大したことを言っていないにもかかわらず相手が気分を悪くしたり、怒るようなことがあれば、それは相手の器が単に小さかったというだけの話だ。縁を切った方がいい。

相手に対し、敬語で距離を取って話している方が正直な話、楽で無難だ。「相手をファミリーのように思うなら、話す時には気を使わず心を使え」。昔、尊敬する先輩に言われた言葉だ。兄弟のような関係になることは結構大変で時間はかかるが、それが成立すると人生で大きな財産となる。中途半端な態度には相手も怒る。無難に相手と向き合えば無難な関係を築くだけ。それを望むならそうすればいいが、ボクの人生にそんな相手は必要ない。彼だけではなく、一回り以上歳上の人でも兄弟のように接し、良いことも悪いことも言葉にフィルターを被せず話す先輩たちが大勢いる。もちろん、それは相手との関係性をどうしたいかによるもので、先輩、後輩の一定な距離を空けたままでいた方がいいと感じれば、その関係性でどれだけ深められるか努力すればいい。自分の人生なのだから、自分のスタイルで生きること、これがボクの選んだ生き方だ。

第七章

東日本大震災と家宅捜索

２００６年から全国各地で［卒業式ライブ］を行っている。『これから夢に向かって歩き出す学生たちの背中を押すことが少しでもできるなら』という想いで、毎年3月、中学校や高校の卒業式にサプライズで登場し彼らの門出を祝うものだ。

周りは、すごく簡単に卒業式に出向いて歌っているだけと思っている者もいるかもしれないが、このイベントは組み上げるのが本当に大変だ。生徒がまずＤＭで『やってほしい』と送ってくることが大多数。それをピックアップして事務所の人間に伝えることもあれば、ボク自身が返信することもある。特に生徒からのＤＭには返信することが多いが、「あのさ、これはやりたいからやれるものでもないんだよ。まず担任や校長先生に話をして、彼らがＯＫしないとそもそもできない。やりたい、やってほしいと言うなら、オマエがまず校長、担任、学年主任に話をしてみな。それで話が少しでも進むなら次はボクが動くよ」と。ほとんどの生徒はこれができない。みんな［やってほしい］これだけだ。［来てほしい］［歌ってほしい］［祝ってほしい］はあるが、自分自身が動くことはまったくせず、［ほしい］だけで終わる。

その中でも、生徒、応募者が自ら動いて前に進めることのできた数校に最終的には絞られる。もちろん、先生から依頼されることもある。このパターンは話が進む確率が高い。大人が大人をまとめようとする。それでもダメになるケースも多々ある。学校の先生だけではなくＰＴＡと話さなければならない時もある。そこでつまずく先生たちもいる。これまでに開催された学校の状況から判断すると、先生か生徒か、公立か私立の学校かはあまり関係なく、情熱を持って最後まで諦めずにやり通した人たちが実現させたということだ。もちろん、最終的にボクが学校側に働きかけて説得したこともあった。

最初は、ラジオ番組に送られてきた、神戸市の高校の在校生からの一通のメールが発端だった。こちら側から先生に話をした時、「ぜひ！」となり円滑に進められた。卒業式ライブは、実際に関わっている生徒の数は３００人ほどしかいない。親も含めてもトータル５００～６００人の話。２０２３年の模様もＹｏｕＴｕｂｅやＴｉｋＴｏｋに動画が上がってはいた。コメントを見ればわかるが外野の一部からは批判的な声もあがる。「学校の卒業式ぐらい、生徒たちで静かに終わらせてやった方がいい！」といったもの。外野とは常にそういうものだ。

２０２３年３月の卒業式ライブは栃木県内の中学校だった。これは校長先生からの手紙で始まった。

イベントを行ったこの中学校の生徒や親から、卒業式ライブを終えた後、多くのＤＭが送られてきていた。「卒業生の親です。ありがとうございました。素敵な卒業式になりました！」という内容のものだ。実際に体験した人たちのメッセージを見ると、外野の否定的な意見はごく一部で感謝の言葉に埋もれてしまう。一番大切なことは「卒業式に参加した人たちがどう思ったのか」ということだ。もちろん「来ないでほしい」という内容が来るなら再考すべきだ。２００６年からやっているが、毎年終わってから多くのメッセージを受け取るたびにやってよかったと心から感じる。

背中を押すこと

卒業式イベントの数年後に、その学校の卒業生と何回か偶然出会ったことがある。新しく立ち上げた会社の集まりに出席した時に、「自分の高校の卒業式でＧＡＣＫＴさんが来てくれて、とにかく頑張ろうと思ってここまで頑張りました！」と言われればやはり嬉しいものだ。ラジオ局で会ったこともあった。ラジオ番組のゲストに来ていた会社の社長で、

「実はあの時、生徒でいました。あの時に勇気をいただきました！」と言葉を届けてくれた。ボクが背中を押したきっかけは小さいことかもしれないが、その彼らが前に進んで一つの結果を出している。意味があったことを再認識できる。それは本当に嬉しいことだ。彼らは頑張ったんだなと。

子供に物を教えることは好きだ。無限の可能性に溢れているからだ。特に小さい子供たちは何事にもビビっていない。大人は現実を知り、ほとんどの人がビビっている。だが、まだビビってないまっさらな子供たちがたくさんいる。将来への不安を感じずに、まだ漠然としている子供たちの背中を押すことは大きな意味があると感じている。一度、小学校の高学年の子供たちの前で「生きるということ」をテーマに話をしたことがある。「みんな何になりたい？」「なるためにはどういう道を辿るのかな」「人生で一番大切なのは考え方だよ」と。

仕事がすべて飛ぶ

「卒業式ライブ」は、ボクがやりたいからやっている。２０１１年の東日本大震災を受けて一つの考え方が変わった。ボランティアをやったことで一部のゴシップ誌から酷く叩かれた。挙句の果てには、「集めた金を盗んだ」とまで言われる始末だ。翌年には当時所属していた事務所にマルサが入った。その時にはすでにボクとの契約は切れていたものの、当時の新聞や週刊誌の見出しは「GACKT脱税」と出た。もちろん、ボクと脱税はまったく関係ない。だが、その会社の反面調査でボクの自宅にも家宅捜索が入った。「調べるなら全部調べてくれて構わない。必要な書類があるなら全部出す」と協力もした。だが、「世の中の一部のゴシップ誌に「GACKT脱税」と書かれるのは困る」と伝えた。ボクが「今の状況をブログに出したい」と言ったがそれは捜査妨害になるからダメだと。

実はこの一件で、その時すでに決まっていたハリウッド映画の出演からCMの話もすべて飛んだ。マジで勘弁してほしかった。しかも、「現事務所」ではなく「元事務所」なわけだ。だがゴシップ誌は面白く「GACKT脱税」と書き散らした。「ボランティアをやった時の募金で集めたカネを横領した！」とまで書く始末。だが、そもそもその現金にも触っていないボクに横領する手段もない。集めたカネをボクらは一切触らず、別の通信会社が一時預かりを引き受けてくれた。だが、今度は「怪しい韓国系の企業にカネを流した！」と書く始末。その企業はLINEだ。日本人のほとんどが使っているLINEの会社だ。叩きようにも程がある。

その当時、仲間の一人から言われた。「世の中の暇な人たちってのは、人の汗のかき方に文句を言う。自分では行動は何一つしないのに、人の行動、汗のかき方に文句を言うだけ」と。『なるほどな…』と理解はしたが、その言葉だけで起きたすべての出来事を払拭できるまでには至らなかった。

エゴ

その後も被災地の各地の様子を定期的に見に行った。定期的に被災地に行って、募金活動や支援活動などを共にやっていた新潟の仲間の一人と合流した。彼もまた、ずっと時間を見つけては被災地で活動を続けていた。そんな彼に「ボクらは個人でたくさんのカネを出し、被災地に大量の物資も運んだ。でも、あそこまで叩かれて、なぜ、まだボランティア活動を続けられるのか？」と話をした。

彼はボクのことを兄さんと呼ぶ。そんな彼が答えた。「兄さん、オレはやりたいからやってるんだよ。誰かに褒められたくてやってるんじゃない。オレはこうやってる自分がカッコいいと思ってんだよ」と。「何もしない口だけの外野から、意味のわからない文句を言われることがあるけど、オレはこれをやってる自分をカッコいいと思っているからさ」と言われたとき、大きなハンマーで殴られたような衝撃を受けた。『そうだよな、やりたいからやったんだよな…』と。行動した自分自身を褒めてやれる自分がいる、それで助かった人がいる。『やりたいからやった、それで十分。それ以外の言葉は必要ない』と。

それ以降、ボクは自分のやったことに対し、常に一言で言うようになった。メディアというものは綺麗なストーリーを求めたがる。ボクらに熱く語ってもらいたいわけだ。だがボクはそういう［誰かを助けたい］のようなメディアが大好物の［お涙頂戴物語］を語ることはなくなった。世の中に綺麗事が必要なこともわかるが、ボクは一切それらの理由を熱く語らず、「自分のエゴでやっている」「やりたいからやっている」と言うようになった。卒業式ライブにも色んな理由はあるが、世の中に対してボクが発言するのはもうシンプルに「やりたいからやってる」「ボクのエゴでやっている」とだけ言うようになった。

２０１１年に、ＹＦＣ【ＹＥＬＬＯＷ ＦＲＩＥＤ ＣＨＩＣＫＥＮｚ】というバンドを

組んで、ワールドツアーをしている最中のことだ。フランスのカフェでメンバーとボランティア活動について話したことがある。メンバーも当然にゴシップ誌からボクが散々叩かれていたことを知っていた。そのことを質問してきた。「あれは辛くないですか？　しんどくないんですか？　腹も立つし、苦しくないんですか？」と。

すでにボクは、完全にそれらの葛藤を自分の中で解決できていた。逆に彼らに質問をした。「もし車の運転をしていて、目の前に車線変更ができない中年女性が運転して走っていたら、どうする？」と。全員「スピード落として入れてあげる」と答えた。「なんで？」と聞くと「善意」「かわいそうだから」と。話を続けた。「だが、車線変更もできない人を前に入れるということは、その後に事故が起きる可能性もある。彼女を自分の前に入れた直後に彼女が急ブレーキをかけて、その女性の車にオマエの車が当たったとする。『アンタ、どこ見て運転してるのよ！』と怒鳴ってきたとしたら、その人を自分の前に入れた自分に後悔しないか？」と聞いた。

覚悟と善意

全員が「うーん」と考え始めた。「善意とは、その瞬間だけのことではなく、その後に起こるリスクも含めて覚悟すること。そのリスクも受け入れて初めて善意が成立する。ボランティアとはそういうもんだ。ボランティアをやっていると、世の中のどうでもいい何もしてないヤツらにまで色々と言われることもあれば、理解されないことも多々ある。ソイツらは一切動きもしないし、明らかに他人事という人間に限って人の汗のかき方に文句を言うんだ。こういう世の中の人間に対して腹を立てるならそんな善意はやめた方がいい」と。全員が口を閉ざした。

「善意」という言葉は非常に難しい言葉だ。善意でやっているならリスクを全部受け入れなければいけない。もちろん、善意を否定しているわけではない。SNSの発達により、善意でやったことが多くの顔を見せない輩に汚される世界になったことを認識しなければならない。そんな世界にボクらは生きている。だからこそ、「やりたいからやっている。ボクのエゴでやっている」とボクはそう答える。

東日本大震災の時はリムジンの後部座席にいた。信号待ちをしていた最中に地震は起きた。突然、車が揺れ始めた。最初はドライバーが揺らしているのだと思っていた。前方はリムジンのシェードで見えず、インターホンで「なんで車揺らすんだ？」と言った。「自分じゃないです！　街が揺れています‼」と。車の窓を開けると、多くの電柱が折れそうなほど揺れていた。

知り合いのクリニックに向かう途中で地震が発生した。結局、あと10分の道のりをそのまま行くことにした。その後、到着した新宿のクリニックは落下物でぐちゃぐちゃだった。ビルの中の他のテナントも酷い有様だった。看護師の一人が「みんな帰ろうとしています！」と言う。慌てる彼らに忠告した。「いや、ちょっと待て。落ち着け、冷静になれ。まず状況がどうなっているのかもまだわからないうちに動くな。今、外に出て電車に乗ろうとしても、この状況では絶対に動いていない。駅の中でパニックになっている人も多いはずだ。それに巻き込まれて二次災害に遭う可能性もある。このクリニックには幸い飲み物もあるし、ビルの下にはコンビニだってある。まず落ち着いて必要な物を買いに行って、帰れる状況を確認してから出た方がいい」と。焦って行動することをやめるよう説得をしたが、慌てる人間の多くは冷静な判断を失うもの。誰も話を聞かず、結局、ほとんどのスタッフがクリニックを離れ家に帰った。後から聞いた話だが、彼らが家に着いたのは早い人で12時間後、ひどい人は18時間もかかったそうだ。

やらなければいけないこと

その日の夜に友人で先輩でもある〈川崎麻世〉に電話した。「麻世さん。ボクたちに今できることを今すぐやらないと、被災地の人たちは必ず苦しみます。ボクは阪神大震災で仲間が何人か死にました。その時は何もできなくて。当時、京都から一切の車両も入れず、全交通がストップして現地に行くことがまったくできなかった。行けるようになったのは2週間後。でも、あの時もやれることはあったと思うんです。被災地でボクらが何をできるかではなく、今被災地の人たちが求めてることを優先的にここでやりましょう。食べるものもない、寝るために必要なものもない、そんな状況で寒さに震えています。だから今、一番先にやらなければいけないことは、毛布や食べ物を送ることです」と伝えた。彼は「わかった。やろう！」と言ってくれた。そこからすぐに動き始めた。麻世さんが芸能界の仲間にも声をかけてくれた。ボクも地方にいる知り合いに声をかけ、少しでも早く食べ物と毛布を送る段取りを取り始めた。

そうは言ったものの、直面した問題があまりにも多すぎた。高速道路はすべてストップしていた。警察と自衛隊しか使えない状況になっていた。一般道はすでに渋滞で乗り捨てられた車で溢れている。下道ではとてもじゃないが辿り着けない。ガソリンスタンドもすべて止まっている。都内のガソリンスタンドでもガソリンが手に入らない状況だ。そこで、仲間に頼み緊急車両手続きを手に入れた。100トン以上の物資だ。ガソリン、毛布、食料などを地方からかき集めた。ここからまた一つの大きな問題に直面した。すべての被災地各所に送りたかったが、当時の役所の仕事はストレートに言うと『クソ』だった。被災地に物資を送る段取りを進め、彼らと緊急車両手続きを済ませるために話をした。『緊急車両は現地からの受け取り確認ができないと高速を使用できません』と言う。そして『受け取り確認はＦＡＸでこちらにください』と。「ＦＡＸ？　この状況下で電話回線など現地は繋がっていない。現地の者には携帯でさえ、直接連絡が取れない状況なのにＦＡＸ？　正気ですか？　現状を知らないんですか？　あり得ない話ですよ！」と反論したが彼らがそれを曲げることはなかった。

多賀城市

仲間の一人が宮城の多賀城市で被災した。彼はパラリンピックの柔道の監督でもある古い友人だ。そして偶然にも同じ場所で市長も一緒に被災していた。「電話を代わってくれるかな？　物資を送りたいけど許可がないと送れない」と伝えると、市長が「私が責任を持って許可を出します。役所の連中に繋いでください」と言ってくれた。最初に多賀城市に物資を送ることができたのは偶然にもそれがあったからだ。

日本という国はとにかく動きが遅い。どの役所の作業も、こんな緊急事態でさえ手続き、段取りを求めてくる。事後に自分の責任を増やしたくないわけだ。実際に被災地でもどうしようもない役所の対応が酷すぎた。物資を運び、毛布を避難所に届けた時の話だ。そこには500人の被災者がいた。毛布は300枚。職員にそれを配ってくれと話をすると、「配れない」と拒否された。500人いて、300人の毛布しかないのなら配れないと言う。揃うまで配ることはできないと断ってきた。そんなバカな話があるか？　目の前に寒さで震えている被災者がいるのにもかかわらずだ。現地に同行した仲間がその対応に呆れて何も言えなかったと。そして、配るのは自身の責任でやってくれと言われたそうだ。つまり、彼はその場の職員であったにもかかわらず、そんな状況でも自分は責任を負いたくないと断固拒否した。この期に及んで何を言っているのか？　と話をしたそうだが、彼はその受け取りを拒否しこちらに投げた。こんなことが現地では多発していた。

被災して物がなくなれば、阪神大震災でもそうだったように人為的二次災害が多発する。襲われたりするコもいた。飢えで物を取り合う者もいた。だからこそ、まず最初に届けなければいけないものは食料と水と毛布。2週間経てば自衛隊が派遣され物も水も支給される。それ以降に必要なのは、それを再編するためのお金。だからボランティアでお金を集めて、この危機感を一人でも多くの日本人、世界の人々と共有しなければと。3月の終わりに、全国で同時に募金活動をして、そのお金を赤十字を通して被災地に届けてもらうことにした。

「とにかく関わるな」

そもそも、当時の前事務所との話し合いで彼らがボクに求めてきたことは、「とにかく関わるな、カネだけ寄付してそれ以上は何もするな」だった。ボクは「物を集めてそれをいち早く被災地に送る。困っている人たちがそこにいる」と意見を出すと、「そういうことをすると絶対に後から叩かれる。だから他の芸能人と同じように寄付だけして後は静観しろ」と意見は真っ二つに割れた。「今、被災地の人たちが必要なのはカネじゃない。違うだろ？　食べるものがなくて寒さで凍えているんだ。カネの話はその後だ。今やるべきことはそういうことじゃないのか！」。話し合いはずっと平行線のまま。その当時、震災直後に「私はいくら寄付しました」という有名人の話がどんどん出てきていた。それが悪いという話ではない。その時に必要なものはカネじゃないという話だ。結局、事務所との話し合いは二つに割れたまま、ボクはボクの考えるやり方で、物資を送ることを始めた。事務所は一切、関与しないというスタンスをとった。ここにも責任を取りたくない大人がいた。人手などまったく足りなかった現状を知りながらだ。彼らを当てにするのは一切やめ、横浜や有明の倉庫を借りて、ボクと付き人の二人で物資を仕分けし一つずつ積み上げていった。見かねた仲間が、一人、また一人と手伝いに来て段ボールに入れ、トラックに積み込む作業を時間の許す限りやっていた。

「絶対叩かれる」と事務所が言うことも間違ってはいない。だが、叩かれるのはリスクも含めて覚悟していた。その後ゴシップ誌が叩き始めた時、当時の事務所の連中は「ほら見ろ、やっぱり叩かれた！」と言ったがボクがすべきことは保身のために静観することではなく、誰かのために動くことだった。

3時間の無視

この時、色んなことが吹っ切れた。仕事に対する考え方が違うのは構わない。だが、これが同じモノを作る、GACKTの作品を創る事務所としての在り方なのか？　と。いや違う。この事務所の連中とはもう一緒にはやれない。離れよう。こういう大きな出来事が起きるタイミングでは人の本性が一番出る。意見が合わないことはもちろんある。だが、何を一番大切にして生きてるか、根本的なものが違っていれば一緒に歩くことはできない。契約をすぐに解約して離れることを周りに告げたが、周りのすべての関係者が「ちょっと待て！　考え直せ」とボクを引き留めた。結局、契約満期で終了するということで納得させた。この判断が根本的に間違っていた。

2012年8月で契約は終了し、更新はせず契約を切った。その月の終わりに前事務所にマルサが入った。最悪のタイミングだった。マルサに関しては、ボクがボランティア活動をしてもしていなくても、入ったわけだが。

家宅捜索の朝、何度もインターホンが鳴っていた。監視モニターを確認すると、全身黒ずくめに身を包み見るからに怪しい連中が何人も立っていた。『文春』か『現代』の記者連中が押し寄せてきたと思い完全に無視していた。3時間、ずっとインターホンが鳴り止まない。しつこい。あまりのしつこさから途中でどこかの組の連中か、ヤバい組織なのではと考え始めた。もちろん、パートナーにも電話をしたが繫がらない。『一体、何が起きているのか？　もしかしてさらわれたのか？』と。3時間後、そのパートナーからやっと連絡が入った。「心配したよ！　連絡も繫がらないから。さらわれたりしてないか？」と聞くと、「オレは大丈夫。まずはドアを開けてやって」と言われる。「は？　なんで知ってんの？　記者にしてはコイツらかなり怪しすぎるよ？　どこかのヤクザかな？」と言うと、「いや、彼らはマルサだよ。前の事務所に入ったらしい、とにかく開けてやって」と告げられる。ドアを開けると、その黒ずくめの彼らに「勘弁してくださいよ〜！」と言われる。「いやいや、勘弁してはこっちですよ！　おかしいでしょ？　そんな怪しい格好で何度もインターホンを鳴らしている人に対しドアを開ける方がよっぽど常軌を逸しているし、そんな状況でドアを開けるのはよっぽど危機感のない人だけでしょ？」と。そこから数時間にわたって各部屋の隅々の書類をチェックし始めた。

作業の途中で、マルサの職員の一人が話しかけてきた。「【格付け】いつも見てます。あれは実際のところ～？」と話し始めた。「いやいや、仕事早くやって帰ってくださいよ、何言ってんですか？」。うちに来たのは10人ほど。結局、前の事務所が関連している各会社にはトータルで200人ほど入ったと聞いた。

マルサが来てから1カ月も経たないうちに、ボクに来ていたオファーがすべて飛んだ。当時のハリウッド大作や、CMのオファーがすべてだ。ハリウッドで勝負したいとアメリカのオーディションで勝ち取った大役、他の作品のオファーがその1カ月ですべて飛んだ。ボクのハリウッドへの道はここで途絶えた。のちに話を聞くと、やはりネットに「GACKT脱税」と出回ったことがコンプライアンスに引っかかったという。いやいや、ゴシップ誌の情報を鵜呑みにするのは勘弁してくれと伝えたが、結局、何も変わらなかった。ボクは脱税など一切していないのにだ。

人生はサーフィン

この一件で、離れていく人はそれでもいいと痛感した。揉め事やトラブルで離れていった人は過去にも大勢いる。それが悪いことだとも思わない。企業からすれば、そう判断するしかないのだろう。人生はサーフィンに似ている。大きい波も小さい波もある。だが、大きな波に乗るためには、浜辺で待っているわけにはいかない。海の中で波が来るのを待つしかない。小さい波でうまく乗れる時もあれば、些細な波でこける時もある。それを繰り返していくことで、いざ大きい波が来た時にもいち早く対応し乗りこなすことができる。浜辺で待っていては、大きい波が来て走り出しても間に合わない。海の上で常に待っていなければならない。だが世の中の大半の人間は浜辺からその様子を眺め、「アイツの漕ぎ方は違う」「アイツの波の乗り方は下手だ」と評論するだけ。そういう人たちはそういう人生を送ればいい。

ハリウッドで予定していた数カ月のスケジュールがすべて空いた。このまま東京に住んでいるのもバカらしいと思っていたタイミングだった。それ以前からずっと引っ越そうと考えていた。海外の色んな都市を探したがなかなか見つからず、まだ住みたいと思えるいい国がなかった。国内でも同時に探していた。越後湯沢に住もうか、金沢に住もうか、と現地の物件もかなりの数をチェックしていた。そんなタイミングで起きた出来事だった。「よし、海外に住もう！」と急にスイッチが入った。くだらない連中に精神を乱されるのも、黙ってじっとしているのも自分のスタイルではない。

たまたま、そのタイミングで仲間から連絡が入った。「マレーシアの富豪の知り合いが日本に来るけど、会ってみる？」と。実業家の仲間だった。マレーシアのことはそれまでまったく知りもしなかった。行ったこともないし、そもそも興味もなかった。

それまでのボクが持つマレーシアのイメージは勘違いも甚だしい酷いものだ。今でも現地の仲間にボクが抱いていたマレーシアのイメージを話すと全員が大笑いする。そのイメージはこうだ。マレーシアに住む人たちは大きく分けて二つ。一つは川や海の上にボートを浮かべ、頭に笠を乗せて野菜や果物を売って生活している人たち。もう一つは山やジャングルで虎と戦いながら生活している人たち。酷い話だ…。無知にも程があると今ではそんな自分が恥ずかしい。マレーシアから来た彼の話は興味深いものだった。話の最後に

「マレーシアは本当にいいところだから、一度来て実際に自分の目で見てみたら？」と言われ、それを確かめに翌日にマレーシアに出発した。空港に着陸する時、眼下に広がる広大なパーム林が見えた。それを見た時に「間違いない…。ボクのジャングルのイメージは正しかった。きっとあの中で虎と戦って生活しているんだ…」と本気で思っていた。空港から街に入るまで車で40分。驚いた。『こんなにも街が発展しているのか…？』と。まったく抱いていたイメージと違っていた。知らなかったじゃ済まないレベルだ。夜中も活気が止まない。深夜遅くまで街中を歩き回り、『なんてすごい国なんだ！』と感動していた。マレーシアにすでに惚れ始めていた。翌日に不動産の物件を見て回り、その一つ一つの部屋の大きさとクオリティーに驚きすぐに住むことを決めた。２０１２年のことだ。

誰かにぶら下がって仕事をすること

この年は本当に色んなことがあった。人生においては「重要なタイミング」というものがある。海外に住むという話を事務所にした時、「仕事はどうするんですか！　打ち合わせとか、どうするんですか？　必要な時、いないじゃないですか！」と言われたが、一言で終わった。「オマエらが来い」と。

ボクはもう、多くても月に1週間ほどしか日本には滞在しない。「無駄な仕事は入れるな。なんでも仕事を受けるのではなく精査しろ」と指示した。もともと以前から「今後は海外で活動することになる。全員、最低でも英語は話せるようにしておけ。英語が必要になったタイミングで始めるようなら、オマエら全員いなくなるぞ」と事務所の連中には散々言ってきた。

だが、ほとんどの人間には危機感がない。何度言っても結局やらない。現地の人間と交渉しろと言っても誰もできない。すると、できないスタッフはどんどん消えていく。自分は使えないと認識した者が辞めていった。それでいい。ぶら下がって仕事するのはやめろということだ。海外に引っ越したことで全員の意識が変わった。「GACKTが日本に滞在する1週間以内で仕事はまとめる。プライオリティーの高い仕事だけを選ぶ。GACKTが打ち合わせに出向くのではなく、打ち合わせの内容をすべてまとめ、必要があるならオンラインでやる。それでも会わなければいけないなら先方にマレーシアに行ってもらう。会って話す必要があると言って、結局、マレーシアまでは…と断るようなら、それほど重要な話ではない」といった流れを決めていった。大きく事務所の方針が変わった。事務所に必要のない人間がいなくなってスッキリした。

ヤバいマレーシア

最初にマレーシアで見た物件は、想像を超えていた。市内のど真ん中に位置する高級コンドミニアムだ。1階のグランドフロアに入った時、建物の1階すべてがプールという造りだった。『嘘だろ…?』とため息が出た。東京であれば代官山や青山と同じ感覚の場所。すべてのコンドミニアムはセキュリティが厳しく住民以外は入れない。オートロックなどの陳腐なセキュリティではなく、セキュリティゲートが存在し常にセキュリティに配備された警備員が巡回する。セキュリティがしっかりしているだけでなく設備も整っている。どのコンドミニアムもプール、ジム、ミーティングルーム、バーベキューエリア、コミュニティーエリア、駐車場が必ずある。中には、バスケットコート、テニスコート、バー、レストラン、カフェ、カラオケルーム、サウナなどがついているコンドミニアムも多い。部屋の大きさにも驚いた。500平方メートル、各部屋にもオウンプールがついていた。部屋の広さだけでなくその贅沢なスペースの使い方が最高に良かった。リビングとマスターベッド、スタジオタイプの部屋が二つあるだけ。つまりほとんどがリビングスペースだ。

尚且つオウンエレベーター・駐車場からエレベーターに乗り、ドアを開ければ自分の部屋が広がるエレベーターがついている。『こんな物件が他にもボコボコあるのか？　この国はなんて国だ！』とヤバさに震えが止まらなかった。家賃は月50万円ほど。完全に打ちのめされた。『マレーシアを舐めてた…。ここだぁ！　やっと見つけた！』と。そしてすぐに住み始めた。

第八章　マレーシア

マレーシアに暮らし始めてから、今まで合計で5回引っ越しをしている。ボクの生活スタイルに市内の混雑した場所は必要ないと途中で判断した。空気の澄んだ閑静な郊外の方がいいと市内中心部を離れて郊外に住むようになった。そうは言っても中心部から車で20分。感覚的には六本木~八王子までを20分で到着する感じだ。住んでから新たに知ったことが多くあった。高速道路の本数がアジア一。世界でトップを争うほどだ。どこに移動するにも高速道路を使う。なぜこれだけ高速が発達したのか最初は不思議だった。高速道路が3~4段と重なっている場所も多い。遊園地のように見えることもある。『こんなに高速が重なって大丈夫か?』と心配し調べたがマレーシアは世界有数の無災国。地震、台風、トルネード、津波、寒波もなければ、暑さで水が干上がることもない。この数年、遠い盆地で洪水がたまに起きるようにはなったものの、少し高台に住んでいる人たちにはまったく影響もしない。

フラットな土地のリスク

マレーシアは丘陵があるエリアが多く、広大なフラットな土地は一部のエリアを除いて主流ではない。人は平坦な場所に住みたがるが、『フラットな土地に住むリスクは高い』

と昔から教えられていた。まず、暑い。熱がこもるからだ。風通しが悪い。丘陵の方が程よく風がある。気持ちがいい。マレーシアは一年中夏。夏と言っても日本の初夏程度の暑さで、26～30度を行ったり来たりする。何より、川の近くのフラットな土地はリスクが大きい。その川が氾濫すれば洪水の危険性もある。故に、ボクは小高い森の中の程よく涼しい場所を好む。

日本の道路は2車線、マレーシアは4～6車線が普通。まだ開発されていない土地も驚くほど多い。『この国はこれからどうなっていくのだろう』という期待も膨らむ。自分のコンドミニアムの屋上で景色を見た時、360度見渡し建設用のクレーンの数を数えたことがある。見える範囲内だけで500本以上はあった。『こんな街はない！』と感じた。だいたい日本も含めてアジアのほとんどの国は、街自体は発展しているが計画的な発展ではないために高速道路が建てられない。結果、交通が悪くなり酷い渋滞が起こる。街を作ってから後で高速を建設することから高速道路の本数にも限りが出る。たとえ作ろうとしても計画してから完成するまでには相当な時間がかかる。

マレーシアは高速道路を先に建設する。その周辺に街を一つずつ作っていく。後から高速の入口と出口を作り街に繋げていく。マレーシアには11年住んでいるが、高速の本数の増え方が尋常ではない。さすがに市内のど真ん中は高速はない。市内に入ると、これが世界の縮図だなと感じる。故に渋滞もある。だが、郊外からでも20分で市内の中心部までたどり着く。

全世界80カ国、360都市

すでに80カ国360都市を回り生涯住める場所を探した。ヨーロッパの国はほとんど訪れ探し回った。行っていないのはまだ紛争などがある国だけだ。マレーシアは日本から6時間半で到着する。時差は1時間。自然豊かで木が多く動物に溢れ緑に覆われた国。高速道路などのインフラも充実している。車の運転が大好きな人には天国と言える。

物価は今の日本より少し安い程度。今の日本と同じくらい発展していて日本より物価が安い国は世界中探してもマレーシアしかない。今更だが、マレーシアにした選択は間違っていなかったと確信している。どこかの記事で『GACKTは初心者に住みやすい国に住んでいる移住初心者』などと書いているのを見かけたことがあるが、大いに結構。移住してまで苦労などしたくはない。何のために移住したかもわからなくなるような場所に見栄を張って住むようなプライドなどボクには皆無だ。

フィリピンや香港にも家があった。コロナ禍で行けなくなるまでの話だ。フィリピンにおいては第二都市のセブ、そして第三都市のダバオにも住んでいた。ドゥテルテ前大統領出身の地だ。第一都市のマニラは治安と交通の悪さで無理と判断した。セブには2カ月ほど住んでいた。セブの物件を見て回っていた時に、たまたまダバオに住む人と知り合い、訪ねてみることにした。海が沖縄の北部の海と同じかそれ以上の美しさで、街の時間の流れもかなりゆっくりなところが気に入った。そして、フィリピンの中にそんな街があることが信じられなかったが、世界で一番犯罪の少ない街だという事実に何より驚いた。気に入ってすぐダバオにもそのまま住んでみることにした。マレーシアとダバオと日本を行ったり来たりする生活が始まった。海を見たいと思えばダバオに行きゆっくり過ごし、生活のベースはマレーシア。仕事で日本に行くという感じだ。

海外に住むならヨーロッパも探そうと考えヨーロッパ中の街を訪れた。ヨーロッパはトップシーズンはとても過ごしやすいが、気候が悪い季節は過酷。多くの人はヨーロッパがいいと憧れるが、それはトップシーズンの最高の条件が揃っている1~2カ月間であって、厳しい季節に住むのはかなり過酷だ。コロナ禍でマレーシアに戻るまでの間、スペインは6都市に住んだが、やはり寒さと乾燥には耐えられなかった。

一番寒い季節のヨーロッパ

ボクはヨーロッパに滞在し調べる時は必ず一番寒く厳しい季節に行くことにしている。その寒い期間に住めなければ意味がない。旅行ではなく生涯住みたいと思う場所を探す旅だからだ。残念ながらどのヨーロッパの国も冬は寒すぎて住めないと判断した。もの凄く寒いのが好きな人、極度の乾燥が好きな人にとってはヨーロッパはいいと思うが、毎日、外に出歩くボクの生活スタイルにおいては、ヨーロッパの冬は生活ペースに合っていない。そして食事はどう比べてもマレーシアの方が美味しい。ヨーロッパの料理は口に合わなかった。美味しい店もあるがコスパがまったく合わない。死ぬほど高い。ヨーロッパに住んでいて毎日外食している人は凄いと感じる。ボクは毎日外食している生活が昔から続いているが、美味しい店に行こうとすれば日本の3~4倍の出費は当たり前。日本と同じく美味しいと思えても、東京の3~4倍を毎日払うのが続くと思うとただのストレスにしかならない。

コロナが始まってすぐにマルタに住み始めた。いくつかのヨーロッパの国に渡り、スペインを最後にマレーシアに戻ってきた。この2年間のヨーロッパでの生活で多くの現実を目の当たりにした。いい季節は最高。寒い季節は過酷で最悪。寒い季節に住めるヨーロッパの国を探して回ったが皆無だ。2カ月半、スタッフもマルタに滞在していたが、あまりの寒さに彼らは耐えられなかった。マルタは地中海の温暖な国と言われていてそれだ。普通、気温マイナス50度なんてなかなか経験しない。寒さに対する抵抗力や感覚、肌の強さも違う。ヨーロッパにはそんな冬を迎える国も少なくない。ボクには無理と判断した。

城の購入

スペインでは6都市に住んだ。とにかくいい場所を探そうと努力した。ボクにとっては極寒だった。夜中、死ぬほど寒い状況で街の人は震えながら外で酒を飲んでいた。現地のエージェントに「信じられないんだが…。ここの人たちはなぜこれほど寒いのに外で酒を飲んでるのか?」と聞くと「家の中はもっと寒いからよ」と。バーは外にヒーターが置いである。だからあのヒーターのもとで飲んでいれば、寒いが酒も入っているし仲間もいる。家に帰れば毛布にくるまりなんとか寝ると聞いた時は地獄だと感じた。

ヨーロッパは暖房の作りがいい家と悪い家がはっきり分かれる。高級アパートは作りはいいが天井が低くとにかく狭い。電気代も異常に高い。よほど高級なコンドミニアムや新しい豪邸であれば別だが、少しでも古い物件で広さのあるものは基本的に極寒。家の中で厚着して歩き回る。家ではいつもTシャツで2枚以上重ね着しないボクがマルタでは4枚も着ていた。家の中で何故こんなに厚着をしなければならないのか、ストレスでしかなかった。

マルタで最後に住んでいた家は天井の高い豪邸だった。地上3階地下1階で家の敷地にプールもあり丘からの景色も一望できる最高の物件だ。季節のいい時はなんて素晴らしい場所だと思った。これ以上ないほどの素晴らしいものだったが、冬はとてもじゃないが住めたものじゃない。過酷という言葉では表現できないほど環境は一変する。家の中に追加でストーブを置かないと家の暖房や暖炉ではまったく追いつかない。ガスストーブを追加で4台置いてガスボンベを毎日運んでもらう。そのガスボンベ1個が1日でなくなる。毎朝、重たいガスボンベを運ぶ日々。『一体、何をやってんだ？』と感じた。あまりにも寒いことからリビングにストーブを3つ置き、そこが唯一の暖かい場所となった。いや、ストーブの前だけが暖かいだけで椅子から立ち上がることもイヤなほど寒さに震えていた。ヨーロッパの物件を200件以上見て回ったがどの物件もやたらと天井が低い。まず、3メートルを超える天井高の物件は50件に一つ。4メートルの天井高はコンドミニアムではほぼ全滅。一軒家のデザイナーズ物件であれば存在するが冬は異常に寒くなる。暖気はすべて上に抜けるからだ。物件探しをする時に、「天井が低い家は圧迫感があって嫌だ」と伝えたが、天井が低くないと暖まらないからこれはしょうがないときっぱり言われた。マルタの家は天井が3階まで吹き抜けだったこともありまったく暖まらない。階上の渡り廊下だけが暖かかった。まったく意味がなかった。

昔、城の生活に憧れて城を購入しようと探していた時期があった。一度、知人が持っているドイツの城に2週間ほど、滞在したことがある。過ごしてみたが意味のわからないほどの寒さ、水回りの悪さ、隙間風のエグさ、止まることのない修復箇所の多さ、まるで住むことが修行のような日々を過ごした。MALICE MIZER時代にフランスでミュージックビデオを撮るために1カ月ほど、北フランスに滞在したことがあった。撮影場所が城だったこともあり、城の住人と仲良くなり色んなことを話した。4月の春を迎えた北フランスだ。春にもかかわらず、ずっと薪をくべていることに疑問を感じていた。なぜ暖炉がいるのだろうかと。ドイツの城に滞在してその時に気づいた。この造りは絶対に暖炉が必要不可欠だと。とにかくめちゃくちゃ寒い。城主に聞いてみた。これほど過酷な環境なのにもかかわらず何故、城に住むのかと。「ステータス」。一言でその回答は終わった。その答えを聞いた瞬間にボクの夢リストから城は完全に消えた。かっこいいだけでこの環境に耐えられるほど、ボクはステータスオトコではない。城ではなく、天井の高い家がいい。

プライオリティーは天井高

ヨーロッパの吹き抜けの家は、見た目はいいが寒すぎて住めたものじゃない。日本でも天井の吹き抜けが6~7メートルあるような家は冬は寒い。ボクは天井が高いことにこだわりがある。これはなかなか理解しづらい部分だろうが思想的な問題も関わっている。今のマレーシアの家は高さが7メートルある。不動産物件を見に行くときに一番気にするのは天井高だ。物件の内容を一目して天井が低いとわかればすぐ却下する。

マルタに住み始め、信じられない光景を何度か目にした。まだボクにとっては死ぬほど寒い2月早朝、寒さで早くに目が覚め震えながらテラスに出る。最上階にある部屋から見える海の景色が美しく、どれだけ寒くても朝は必ずテラスに出てコーヒーかお茶を飲むと決めていた。ダウンジャケットを重ね着して、震えながら熱いコーヒーを飲んで景色を見ていた。そのテラスから見えた〝とある光景〟に愕然とした。近くのアパートのトップフロアのテラスに裸で寝ている人がいた。それを目にした時に『ボクとは根本が違う…』と認識し調べ始めた。ヨーロッパの人たちと日本人では基礎体温がそもそも違う。ボクらより体温がかなり高い。そして痛点の数がボクらよりも遥かに少ないのだ。もともと寒い国に住んでいる人たちだからこそ、長い歴史の中で対応していったのだろうか。何千年と寒い国に住んでいる人たちは紫外線を吸収するために背も伸びる。痛点も少なくなる。進化したわけだ。

10月にスペインに引っ越し、翌年1月に海の傍を散歩していた。ビーチは風が強くあまりにも寒いためダウンジャケットを着ていたが、浜辺で水着一枚で海水浴をしている人たちの数が尋常ではなかった。それを見た時に唖然とした。『なんなんだ、いったい…』。何故この極寒の海で泳いでいるんだ？　バカなのか？　イカれてんのか？』。あまりにも不可思議な光景すぎて、裸で寝ているカップルに近寄って質問した。「ねぇ、寒くないの…？」と。「うちの国よりマシだよ〜」と。「どこから来たの？」と聞くと「ドイツ」。ドイツ北部は極寒。彼らのホームタウンと比べれば暖かく感じるのだろうか。『うーん、なるほど納得……、ってできるかぁ‼』と心の叫びが漏れていた。北海道の人が冬の間、鹿児島に行って暖かく感じるというのと似ているのだろうが、だからと言ってその北海道の人が1月の鹿児島で泳ぐかと言えば、そんな光景は一度も見たことがない。マルタにも2月のまだ異常に寒いビーチで泳いでいる人たちが山ほどいた。海岸が人で溢れていた。『この人たち、感覚はないのか…』と疑った。信じられない光景がヨーロッパにはよくある。乾燥も酷く顔がカピカピになる上に食事も合わない。早くマレーシアに帰りたいとずっと考えていた。マレーシアの国境が開いたという情報を得た翌日には荷物をすべてまとめ、1週間後にはマレーシアに飛んで帰った。2年ぶりに自宅に到着した時に『なんて素晴らしい国にボクは住んでいたのか！　なぜこのことをもっと理解しようとしていなかったのか！』と自分を叱った。もっと素晴らしい国があるのだろうと思っていたが…、結論、ない。

自作の設計図

マレーシアに住んで約11年になるが、クアラルンプール周辺を含め、これだけの条件が揃っている国は他にない。世界で一番住みやすい。これは断言できる。食事も美味しい。物価も高くはない。高速道路、インフラは整っている。電車が好きな人にとっては少し不便だが、ボクは電車は東京でも使ったことがない。さらに世界中の民族が集まっているにもかかわらず衝突がない。互いをリスペクトしている。英語がメインの言語。ボクはマレーシア人とトラブルになったことは住み始めて一度もない。多民族国家なのに民族間の大きな問題もなく社会が成り立つパワーを感じる。通常、［他民族］［肌の色が違う］という些細なことから大きな衝突に発展するのはよくある話だ。アメリカはその典型的な例だ。マレーシアにはそれがない。

乾燥は喉にも肌にも悪い。ボクのマレーシアの自宅はエアコンをつけなくても26～28度。日本人は勝手なイメージでマレーシアは湿度も温度も高いと思ってる人が多いが、日本の初夏がずっと続いている感覚だ。むしろ、日本の夏は暑すぎて耐えられない。この温度と湿度が年中変わらないマレーシアでは体調も管理しやすい。

今はマレーシアで新しい家を建築中だ。完成までに2～3年はかかるだろう。建築は乾季であれば早く進むが、雨季だと時間がかかる。マレーシアの他にもいい国があるのではと思いずっと世界を回っていたが、マレーシアに帰ってすぐ『やっぱりここしかないんだな』と完全に理解した。新居の設計図はボクが書いた。

療養生活中はボイストレーニング、仕事もしていたが、時間が余っていた。最初は気分で何となく家の絵を描いてみた。「こんな家を建てようと思っているんだけど」とスタッフに絵を見せてみた。「これって逆から見たら、どうなっているんですか？」と言われ、また紙に描き直した。一日かけてスケッチするわけだ。また質問されての繰り返しで、『毎回これをやっていたら何日も潰れる！』と途中でどうするべきかを考え始めた。紙に描いたものだと建築デザイナーに見せる時にもすごく大変だ。建築デザイナーが使うCAD（2D&3D設計ソフト）を覚えようと勉強し始めた。

一緒に過ごすクルマ

自分で設計しようと考えた理由はいくつかある。今まで家を建てる時はデザイナーと打ち合わせをして指示だけ出していたが、やはり完全には自分が望む家にはならなかった。おおまかなことには応えてくれても細かい部分まではイメージ通りにならない。自分で全部やろうと決めた。自ら細かくデザインし、その後デザイナーに渡して清書してもらうことにした。実際の建築マテリアル（素材）まではわからないが、ある程度の設計図を実物大で作ろうと決めた。ＣＡＤは建築だけでなくプロダクツを作るときにも使える。形あるものの設計図がすべて作れる。勉強するにはいい機会だった。

今回の新居のこだわりは、クルマと一緒に過ごす家だ。クルマには種類が分かれる。【ただの移動の手段としての車】と【愛車と呼べるこだわりのクルマ】だ。クルマは切ない乗り物でどれだけカッコいいクルマだと思って手に入れても、自分が運転して走っている時は、外からその走っている自身の姿は直接見ることができない。本来、クルマはそれだけで完成された精密なラグジュアリーだ。だからこそ、これが家の一番の装飾になればいいと考えている。

乗っていない時にこその感動

クルマは最高の装飾品。ボクはガレージにコレクションをずらっと何台も並べることには興味がない。昔はそうだったが、今はお気に入りのものが一台あればいい。クルマは乗っていない時にこそ感動があり、家にいてクルマを見れないのは寂しい。ドライブするよりもクルマを眺めながら酒を飲みたい。夜、クルマ好きの仲間が集まってその周りでゆっくり飲めるような家であればいい。仲間が集まってリラックスできる場所が必要だ。

昔は何台も車を所有していたが、今では趣向が完全に変わり一台のこだわりの愛車を持つことが更なるこだわりとなった。ランボルギーニとの出会いから変わった。元々、ランボルギーニはデザインが好きだった。昔からいつかは買おうと思っていたが、タイミングを逃していた。ある日、撮影でランボルギーニと共に写真を撮る企画が上がり、スタジオに紫のムルシエラゴが用意された。完全に一目惚れだった。撮影が終わったタイミングで、「これいくら？　買えるなら持って帰るよ」とそのまま買ってしまった。それからは一切他の車に興味がなくなり、もうこのクルマだけでいいと思えるようになった。それまでのボクからは考えられないことだった。そんな感覚を持つ自分になるとも思っていなかった。出会いとはそれだけ素晴らしいということだ。彼女にしても、こんな出会いがあればきっとこのセリフを言うのだろう。『ボクの人生でオマエが最後のオンナだ』と。

夢を与えられるために必要なもの

ボクはマレーシアでランボルギーニを普段の街乗りに使っている。『ボクが選んだ車は間違いじゃなかった』と感じたのは、あるホテルのエントランスでジョッキーに車を預けようとした時のことだ。母親と子供二人がエントランスに立っていた。その前に車を停めドアを開けると「うわあ！」と興味深そうに子供たちがこちらを見ていた。彼らに「乗ってみるか?」と言うと「乗る乗る！」と興奮していた。子供二人を運転席と助手席に乗せ、母親の横でその光景を眺めていた。母親が「よかったねぇ」と言うと、子供たちが「ボクが大人になったらこれを買う！」と興奮しているのを見て「こういうことなんだな…」と気づいた。

クルマには、一番美しく見える、他人に影響を与える瞬間がある。それは走っている時ではない。クルマが停車しドアを開け人が降りる、まさにその瞬間だ。ドアが開き、そこからどんな人が降りてくるかがもっとも重要。ドアが開いて、どうでもいい太ったおっさんが出てきては夢も希望もない。だからこそ、ボクは死ぬまで夢を与えられるだけの見た目と雰囲気を持っておこうと決め努力している。それが一番、子供に影響を与えられる瞬間だということを知ったからだ。

もちろんその子が、それをきっかけに結果を出せるかどうかはわからない。だが、少なくとも背中を押せた瞬間ではある。それがボクら大人としての役目だと感じている。次の世代に夢を与えられる大人でいなければ、若者たちは大人になることや歳を取っていくことがダメなこと、嫌なことだと思ってしまうだろう。むしろそう思っている人の方が多いはずだ。それは、その人の周りにいる歳を取った人でこんな風になりたいと思う対象、カッコいい大人がいないからだ。カッコいい歳の重ね方ができている人たちが周りに多くいれば、『歳を取るのも悪くないな』『こんなオジサンになりたい』と思ってもらえる。それがボクら大人の使命でもある。

エネルギーを吸収する場所

アーティスト業と役者業はエネルギーの方向性が違う。ボクの仕事はステージ上からエネルギーを放出する仕事。演技はエネルギーを自分に吸い寄せる仕事。エネルギーの方向性がまったく違う。

もちろん、ステージからエネルギーを発するためには、どこからかエネルギーを補充しなければならない。日本ではもう、その場所がない。周りも同じように歳を取った。日本は実質、世界で一番年寄りの国になったことは周知の事実だろう。マレーシアで暮らすことにした大きな理由の一つだ。

マレーシアは若いコたちのエネルギーが街に溢れている。国が若い。街が若い。エネルギーとパワーがとにかく大きい。いつも現地でつるんでいる仲間は18歳から30代半ばのエネルギーに満ち溢れた連中だ。みんなパワーがみなぎっている。ボクは今年50歳。当たり前だが古くからの仲間も歳を取っていく。歳を取った仲間同士でずっと一緒に過ごすと、歳を取るスピードが何故か加速していく。この「歳を取るスピードが加速する」ということに気づいていない人が実に多い。人は歳を周りと同じだけ取るが、老いていくスピードは決して同じではないことに気づいていていない。

ボクはマレーシアで若いコたちとずっと遊んでいるからこそ、常にエネルギーをたくさん吸収している。刺激も多く受ける。環境とは自分で作るもの。彼らに負けないような体力づくりをしなければいけないし、体力がなければ遊びにもついていけない。ボクは街の中で多くのエネルギーを受け取り吸収し、自分のライブのステージからファンに向けて放出している。

マレーシアは本当に住むには最高の国だと断言できる。ボクの条件にすべて合っている。もちろん、人には好みがあるだろうから一概にマレーシアが最高の国になるかはわからないが、少なくともこの条件を求めている人には最高の国となるだろう。「クルマが好き」「外食をよくする」「街に出る」「自然が好き」「空気が綺麗なところでの生活」「街中での刺激」「エネルギーを感じたい」「同調圧力が嫌い」「暖かい湿度のある季節が好き」と、この中の5つが当てはまるならマレーシアは最高だ。日本は同調圧力が非常に強い国だが、マレーシアは民族や宗教が多様で考え方を押し付け合うことがない。それが衝突を引き起こすことを知っているからだ。そこも大いに気に入っている。ただ、これを言うと多くの仲間が観光に来ると言うのだが残念ながらマレーシアは観光をする国ではない。観光で数日滞在したところでこの国の良さは理解できない。この国は住むことにおいて最高の国であって、観光をするならいい季節にヨーロッパに行った方がよっぽどいいだろう。

第九章　語学と恋愛

2002年に北京で日中国交正常化三十周年記念ライブに招待され出演した。これが最初の海外での活動のきっかけとなった。当時の中国はエグかった。規制も想像を遥かに超えていた。まず客席で客は立ってはいけない。中国の公安、幹部の人たちが前3列を占めていた。警察もマシンガンを持ちステージの前で1列に並び、異様な雰囲気の中で演奏をすることになる。一般の客は決して立ってはいけない会場で、ステージ上から中国語でいきなり「立て〜！」と叫んだ。前列の官僚連中はドン引きしていた。見に来ていた客は「ウォ〜ッ‼」と立ち上がり異常な盛り上がりを見せた。それを警察が「座れ〜っ！」と言うのに対し、ボクがまた「どうしたぁ、立て〜ッ！」と中国語で叫ぶ。ボクが中国語でファンを煽るなどと思っていなかったのだろう。会場は盛り上がり総立ちになったのを見て、『どんな国でもライブとはこうあるべきだ』と自分のライブスタイルを実感した。『ステージを走り回り、煽り、叫び続けること』、これこそがボクのスタイルであり、一生貫き通すことだと決めた。

コミュニケーションこそすべて

自分の出番終了後は楽屋に帰って着替え、タバコを吸いに外に出ようとした。当時はまだタバコを吸っていたが、タバコは必ず外で吸うと決めていた。楽屋を出て外に吸いに行こうと色んな場所を探していた。客席後方まで裏側の動線を歩いていくと、ゲートは閉まっているものの広いスペースを見つけた。警察官がたくさんたむろしていた。そこで一服しようとすると、「ここは立ち入り禁止区域だ！　立ち去れ！」と言ってきた。「オマエら、ボクが今歌っていたのを見てなかったのか？」と言うと「え？　あ〜〜！」となった。そこで警察の連中と話をしながら一緒にタバコを吸って喋っていた。みんな人間だ。コミュニケーションでなんとでもなる。

口説けば覚える

当時はまだ、中国語でやっと会話ができるレベルになったぐらいの時だ。語学については、まずは本を読み漁って書いて覚えてとそれを繰り返し勉強するのがボクのスタイルだ。昔の語学のテキストにはCDが付いていた。CDを聞きながらテキストを読むのが趣味。今でも多くのテキストを読む。『なるほど、こういう教え方があるのか』『もしボクだったら、どう書くだろうか』『こういう風に教える人もいるのか』と、そんなことを考えながら読むのが好きだ。本屋に行くと何気に初心者のためのフランス語講座や中国語講座、今から始めるＡＢＣとか、そんな本を立ち読みするのが実に楽しい。

実際に書いて覚えるというのは基礎としては必要だが、それだけでは会話はできない。まず日本で勉強する場合には、話せる環境を探す、作ることが必要だ。今は少なくともネットがある。中国語、英語を使って話したいと思うなら、簡単に環境を探せる時代になった。ボクの時代にはそんな便利なものはなかった。ボクの場合、中国語のスキルを上げるために中国人しかいない中華料理屋を探し、そこのお店の人と仲良くなるために何度も通った。まずはメニュー一つ一つの発音を聞いて覚える。覚えた後、「これは何て言うんだ？」とか「これはどう言ったらいいのか？」と聞くと、向こうはカタコトの日本語で教えてくれる。会話のメイン言語が中国語になる。『こう発音するんだ…』と実感しながら勉強する。お店の女のコを口説いたりすることもある。口説くのが一番早く覚えられる。相手の話す言葉や癖を聞いて、『ああ、こういう言い方をするのか』とわかるようになっていく。違う言語であっても勉強と学習の仕方は同じだ。

語学の勉強をする人たちにいつも思うことがある。ボクは仲間たちと一緒に海外に行くことが多い。ボクは仲間に現地で色んなことをやらせる。いきなり海外の街中で「あのコを口説いてみな」と。そうすると必ず「いや、英語は話せないから口説けない」と返ってくる。その時に「だったら日本人だったら誰でも口説けるということか？」と必ず聞く。

みんな黙る。本質はそこだ。他の言語を話せるようになれば、他の国の人を口説けるのか？　いや、それだけでは口説けない。口説けるヤツは言葉がなくても口説ける。カタコトでも口説こうと努力する。それを繰り返すから更にコミュニケーションスキルが向上する。根本的に日本語で口説けない者が、他の言語で口説けるわけがない。そもそも口説くスキルがない。コミュニケーションを取ろうという気がない。もっと砕いて言うと、どんな言語でも相手を喜ばせようとする気持ちゃ、相手の心を手に入れようという想いがない。それは語学能力ではなく、根本的に別の能力。別の努力が必要だということだ。

加点方式

映画の撮影でルーマニアに行った時の話だ。もちろん全員が英語を話せるわけではない。映画に関わっている製作の上層部は、そもそも英語でコミュニケーションができないと仕事が成り立たない。だが、指示を受けて実行するアシスタント系の者たちは半数以上英語が話せない現実だ。撮影に入って最初の1カ月は本当にキツくボクも投げ出しそうになっていた頃。

まず、当時のマネージャーがギブアップしてボクを置いて日本に帰っていった。代わりにうちのダンサーの一人が身の回りのケアーという役割でルーマニアに来た。コイツがすごいと感じたのは、英語がまったく話せない分、ダンスと雰囲気だけで人を笑わせようとした。現地の女のコを英語もルーマニア語もまったく話せないにもかかわらず口説いていた。撮影から1カ月経って「飲みに行くか?」と聞くと、「今日デートなんで!」と返ってきた。ボクが普段、教えていたことをきっちり体現していた。ちなみに彼は顔も良くはない。むしろ限りなくブサイクだ。

多くの者が勘違いをしているが、格好が良いから口説けると思っていること。カッコ良くないと自分で認識している口説けない者は、口説けない理由を「自分はカッコ悪いから」と言う。一方で、口説ける連中は「顔は関係ない」と言う。これはボクの経験とデータからの話だが、見た目はあくまでも入口。人は短くて5分、長くて10分、足を止めることができるかどうかが重要。格好悪い人だとしても、人はその顔に慣れ、その5分10分で相手の心に触れることができればその顔が逆にキュートに見えたり加点方式で『この人、顔は怖いけどいい人だな』と思わせられる。清潔であったり、雰囲気であったり、声が良かったり、面白いと思えるものが一つあれば、相手をいくらでも加点方式に切り替えられる。男も女も同じだ。5分足止めでき、相手が微笑んでくれたら勝ち、それだけだ。

SEX

恋愛感情の話は非常に難しい。ボクにとっての恋愛感情の定義が周りとまったく違うからだ。そもそもSEXに対し多くの人たちと感覚がまったく違う。ボクにとってのSEXは握手の延長線上と何ら変わらない。SEXも握手も会話も変わらない。仲良くなって話をし、このコ雰囲気がいいなと思い、相手が望みボクも応えれば自然にSEXをするだけのことだ。

［異性の親友］の条件

男女間での親友関係は基本的に体の関係もなく成立するのは難しいというのがボクの考

えだ。ボクは異性の親友は多いが、それはSEXをした上でそのコとの体の相性が合わないなどの明確な理由があった上で、自分にとってSEXをする対象ではないが、それ以外の相性がいいという結果、親友となる。そもそもSEXの対象ではないがそれ以外の相性が抜群に良ければ、親友関係は成立する可能性はあるだろう。だが、それの多くは女性からの目線の話であって、女性側はそう思っていても性欲の強い若い男性にとっては体の関係なしの［異性の親友関係］はなかなか難しく成立しない話だろう。むしろ、相手が性欲が弱い男性だったとしたら、それはオトコとして、オスとしてどうかという問題さえもある。

今の日本人は［初めまして］で握手をできない人が多い。握手すら抵抗を感じる人が多い。握手をする時に相手の目を見れない人もかなり多い。だが、不思議なもので一度握手に慣れると抵抗は嘘のようになくなる。フランスに行けばコロナ前までは右左右左と互いの頰に4回キスをしていた。それは、経験したことがない人からすればかなり抵抗がある行為だ。だが慣れると至って普通の行為になる。多くの人にとってSEXが一つの大きな壁を越えなければならないものだとするならば、ボクにとってはまったくそこに壁がない。

握手を始めたのは、音楽を始めた16歳の頃。ミュージシャン同士は会えば必ず握手をする習慣があった。握手からの流れで手を叩き合う、そこからハグをする行為も自然と挨拶の中に入っていた。女のコを紹介された時も「よろしく」と握手からハグに自然とつながるところから始まる。初めましては握手だけだが、話して帰る時にはハグをして終わるという流れも普通。それが当時のミュージシャンのスタンダードだった。

幼少の頃、沖縄にいた時はハグも普通にされていた。周りに外国人が多かったことが一番大きい。内地に来てからはその習慣がなくなり、子供ながらに違和感を覚えていた。みんな挨拶のとき深々と頭を下げる。最初それを目にした時、『なんかすごい…』と思った感覚を覚えている。7歳、8歳の頃の話だ。何度も頭を下げる動きは特殊だと感じた。だが成長の過程で、周りがみんなそれだと、その行為が当たり前の感覚になる。握手もしない。ハグもしないのが普通や当たり前の感覚になっていく。

ミュージシャンになり、先輩ミュージシャンから教わる。先輩たちが普通に握手するのを見て日本人的ではないと感じた。当時のミュージシャンの握手のパターンは無数にあり、複雑な組み合わせが多数あった。手を握った後にスライドして違う握り方になるとか、掌を叩き合う動作が入る場合もある。肘をぶつけ合うこともあれば、流れでハグに持っていくパターンもある。それはバンドや、それぞれのコミュニティーによって、握手、挨拶の仕方が決まっていた。ヒップホップやラッパーの世界でも同様にあるはずだ。チーム意識、一族意識、集団意識なのだろう。GACKTのバンドメンバー、ダンサー周りも含めたコミュニティーにもオリジナルの挨拶がいまだに存在する。

恋愛と彼女

現在の恋愛事情を聞かれれば、「いつも恋している」と答えは昔からずっと同じだ。彼女をあえて作る必要もない。作らなければならないという気持ちもない。

大恋愛をし、その別れの直後に出会った人とすぐ結婚する女性が世の中には多いが、その行為に至る動機の半分は、悲しみや寂しさを埋めるための結果や勢いを強く感じる。心が疲れすぎて一人でいたくない、そんな気持ちを埋めるために勢いに任せて結婚する人が多いのも事実だ。それがダメとは言わない。「うまくいけばいいよな」という想いだ。現実は、うまくいった人を周りではほとんど見ない。もちろんゼロではないのだろうが限りなくゼロに近いだろう。

〔今、オマエは笑って過ごせているか〕という問いかけをすることが多い。毎日、自分自身に対し、『今、自分は笑っているか？』『今日という日に感謝しているか？』と問いかける。一日一日の自分に対する冷静な判断ができているかということ。人生は良いことも、嫌なことも多くある。嫌なことがあったっていい。また良いことがあれば。それを良いことに変えられれば。そういう思考ができるかどうかが何より大切で、嫌なことがあっても、そのことに対して『いや、でもこれは成長するための必要なステップだ』と思えればそれさえも受け入れられる。考え方、思考で人生は変わる。

変わる努力もしないで文句を言う者が世の中には多い。『楽しくもない、生き甲斐もない、なんで生きてるんだろう、と思うような人生をまだ続けるのか？』といつも多くの人に感じている。嫌なら、変わればいい。オマエを変えられるのはオマエだけなのだから。

第十章

厳しい現場に身を置くこと

ハリウッドで映画【BUNRAKU】（2010年公開）の出演を決め、ルーマニアで2カ月間の撮影に入った。その撮影が自分の芸能の仕事をやり始めてからの映画やドラマの中で、一番厳しい現場だった。朝5時にホテルを出発し、朝3時にホテルに到着するというスケジュールを月曜から土曜まで2カ月続けた。休みは日曜日だけ。その休みであるはずの日曜日でさえも朝9時からトレーニングをし、昼の12時からはアクションの振り付けが夜の7時まで続く。実質1週間休みなし。初めてギブアップしそうな過酷な現場だった。

その経験があるからこそ、今回の【翔んで埼玉】の続編の撮影もまだ余裕があった。だが、初めて撮影現場に同行したスタッフはキツくて仕方がないと言っていた。確かにスケジュールもハードではあったし過酷な撮影現場も少なくなかった。

ボクらよりも早く入っているスタッフは、ボクらより遅くに帰る。数時間後には次の現場に向かうという状況が毎日続く。彼らの仕事内容は異常にキツい。その撮影スタッフが、「【翔んで埼玉】の撮影ができたら、他の撮影はキツいと思わない」と言っていた。ボクはルーマニアの経験があったからこそまだ余裕がある。キツいとは思うが撮影の空き日もある。ただし、関わる撮影スタッフは相当キツかったはずだ。撮影が終わるまで毎日これが続いていた。うちのスタッフはボクのスケジュールで共に動いているから空き日もあるが、それでもかなり消耗し疲弊していた。

デミ・ムーアとの出逢い

ルーマニアでの映画撮影は過酷の一言に尽きた。サムライの役だった。泣きそうなぐらい、ギブアップしそうなぐらい本当にキツかった。同行したスタッフが音を上げ日本に帰ってしまうほどだ。一人一人、現地に来てはギブアップして帰る。『おいおい、ボクを置いて帰るのか？』と。終わった時は感無量といった感情ではない。『やっと終わった。終われた…』だけだった。

だが、その時にボクを救ったのが〈デミ・ムーア〉の存在だった。それが大きな転機となった。映画の撮影における転機というだけでなく、人生においての一つの転機となった。撮影スケジュールが異常だったこの期間、土曜の深夜だけがやっと少し長めに寝ることのできる唯一の時間だった。

毎週、土曜の深夜0時に撮影が終わると、「今からクラブに行くがどうだ?」と誘われていた。1週間、ほとんど寝ていないボクには「あり得ない、無理。帰って寝る」と毎回断っていた。だが、寝ても疲れはまったく取れない。疲労困憊でまた日曜の朝からトレーニングをする。心身ともに疲れ果てていた。1カ月が過ぎ、『もう無理かもしれない…』と限界を感じていた。そのタイミングでデミ・ムーアが撮影に参加した。

心が空っぽになるまで

彼女が来てから初の土曜日の撮影中に「GACKTは今日一緒にクラブ行くの?」と聞いてきた。「いやいや、行かないよ」と答えると「なんで? おいでよ! なんでGACKTだけ来ないの?」と。何度も断ったが、「だめだよ~、一緒に行こうよ!」と言われた。結局断り切れず初めて大切な睡眠時間を犠牲にし、撮影終了後にクラブに行くはめになった。『眠い、しんどい、辛い…』と思いながらクラブに到着した。中に入ると撮影の全スタッフとキャストがいた。「お~、GACKTが来たぞ~!」と全員がボクが現れたことに驚いた。デミが近づいてきて腕を取った。そして彼女の座る席で一緒に飲み始める。途中、テンションの上がった彼女に手を引かれ、音楽がガンガン鳴り響くダンスフロアの中で朝6時まで踊り、大声を出し笑っていた。部屋に帰った時は意識も記憶もなく速攻で落ちたらしい。朝9時からトレーニングが始まる予定だったが、8時半にパッと目が覚め飛び起きた。その時の感覚はそれまでとはまったく違うものだった。

最初は、寝過ごして24時間以上寝てしまったのかと思うほど、頭の中がスッキリしていた。しばらくして気がつく。『体じゃなく、心が疲れていたんだ…』と。もともと睡眠時間の短いボクにとってはルーマニアでの撮影期間中も時間通りに目は覚めていたが、疲れがまったく取れない感覚がずっと続いていた。

ところが、この日の目覚めは格別に違っていた。ルーマニアに来てからの違う行動パターンは前夜のみ。全員で大声を出し盛り上がりながら飲んだということだけ。むしろ、実質の睡眠時間は更に短くなっていたにもかかわらずだ。「大声で心が空っぽになるまで笑うこと」、これがいかに大切なことなのかを実感した。それから毎週土曜日はどれだけ疲れていても参加するようにした。1週間、とにかくキツい。そして、土曜日の夜中は更に騒いで疲れ切って早朝にホテルに帰る。そして2時間ほど寝ると頭はスッキリする。

［抜き］のない日本人

これは日本人のほとんどができていないことだ。日本人は世界のどの国を見渡しても素晴らしく真面目で勤勉。これは胸を張って言えることだ。

ところが、ほとんどの日本人は［抜き方］を知らない。年間、世界トップクラスの自殺者を出している国も日本だ。つまり、心が病んでいる人がそれほど多いということになる。日本人は仕事が終わっても疲れを取るために、真面目にすぐ帰って少しでも休むというサイクルを繰り返す人が多い。毎日定時に起き通勤ラッシュに揉まれ、仕事をし、更に残業し、帰宅する頃には疲れ果て、少しでも長く休むことを優先する。真面目すぎるが故に負のスパイラルに落ちやすい。［抜き］とは、言うなれば心の毒ガス抜き。そのガスが心に充満すると、どれだけ寝てもその毒に侵された心と共に体もまた疲弊していく。疲れは取れずダルい状態が永遠と続く。それはどれだけ寝ようが解消しない。

その映画の撮影以降、日本に帰国してからも多忙な日々は続いた。だが、とにかく［本気で遊ぶ」ことを決めた。どれだけ疲れていても、いや、むしろ疲れるほどに本気で遊ぶ。時間を惜しんで大いに遊ぶ。この心のリセットに必要なファクターは、「1、大声を出す・叫ぶ」「2、大声で笑う」「3、1と2を誰かと共有する」ということだ。これができれば心は必ずリセットする。それは心が楽しいと思うことであればどんなことでも構わない。

これは音楽のライブに関しても同じと言える。どれだけ世界がネットで繋がろうが、どれだけストリーミングサービスが発達しようが、生で体感できるライブは絶対になくならない。ライブにおいては、人の心をリセットする「叫ぶ」「共有する」が根底に存在するからだ。GACKTのライブにおいても同じ。いや、むしろボクのライブにおいては「叫ぶ」だけでなく、「笑う」「胸が締め付けられるほど苦しくなる」「泣く」これらの追加ファクターを体験し、共に会場にいる他の人たちと共有する。

まず、ボク自身が誰よりも叫ぶ。そして会場にいる全員を叫ばせる。ボクから叫び始めるが、最後は会場中がお互いに叫び合うコール&レスポンスの嵐となる。初めて見に来た人は、叫ぶつもりがなくてもいつの間にか叫んでしまっているということが、GACKT

のライブでは当たり前に起きる。見に来ている男性に、「オトコ〜！」と叫び呼びかける。男性だけに声を出させるためにだ。たとえば彼女に連れてこられた男性であれば、『オレは叫んだりなんかしない』と気取っている連中でさえも、最後には叫ばずにはいられなくなる。それはプライドが高いオトコであればあるほどだ。会場にいる男性は女性に比べて人数も少ない。自分が叫ばないと成立しないのは一目瞭然。そして叫んでなければ明らかに叫んでないことを周りが認識する。結局、最後は本気で叫ぶ。女性も負けないように叫ぶので、最後はみんなが心の底から叫ぶことになる。散々叫んだ後にやっとライブが進行していく。ボクのライブの後は全員、声も出ないほど疲れているはずだ。そして家に帰って休み、目が覚めた時には心がスッキリしていることに気づくはず。ＧＡＣＫＴのライブはメンタルリセットの究極形態だ。

全開のアドレナリンとドーパミン

ライブのことで言えば、２０１６年にボクとスタッフ全員が抜き打ちの薬物検査を受けた。ボクがトレーニングをして体を絞った後に週刊誌などに盗撮されると、「ＧＡＣＫＴ激ヤセ！　薬物使用疑惑」と書かれることが当時はくだらないほど多かった。裏を取らないにも程がある。書けばなんでも売れる、書いた者勝ちと思っているプライドのない記者とそれを良しとする三流メディアが多すぎる。ボクは薬物が死ぬほど嫌いだ。過去にクスリをやっていたヤツが周りに多く、おかしくなる様を嫌というほど見てきたからだ。人に散々迷惑をかけるにもかかわらず、やった本人はまったく覚えていない。この年は有名人の薬物逮捕が相次いで、薬物使用疑惑芸能人にGACKTの名前が挙げられていた。『ふざけんな、これだけ筋トレしているのに薬物をするわけがないだろ！』と。常識的に考えても『薬物に手を出している者の筋肉がこんなにバキバキか？』と憤っていた。

ツアー中だったためイベンターに指示をしてボクを含め、ダンサー、メンバー、スタッフ全員を対象に毎ツアーで薬物検査を抜き打ちで行い、それを公にした方がいいと提案した。そもそもボクは体が弱い。薬物で免疫力を落とすことなど一番望んでいないこと。にもかかわらず、そんなくだらない記事を書く行儀の悪い記者が多い。もし、関係者でやっているヤツが出てくることがあればクスリに手を出すようなヤツはクビにしていい。どんな重要なポジションでもだ。

ツアーの途中でいきなり［今日やります］と実施された。その後、公表もした。ボクはそもそもクスリは触りもしない。検査などをする必要などまったくない。潔白を晴らすわけではないが、やってもいないのにやっていると言われるのは非常に気分が悪い。

ボクはそもそもナチュラルで飛べる。クスリがないと気持ち良くなれないヤツは、アドレナリンもドーパミンも出ていないってことだ。ボクはステージに立つと、アドレナリンもドーパミンも全開に出せる。むしろそれらを極力抑えることに力を使う方だ。そういうのが出せない連中が色んな理由をつけてクスリをやっているだけにすぎない。そもそも、[どんな理由を並べても法律で禁じられている国ではやるな]と子供でもわかるシンプルなことが理解できていない。やりたいなら、大丈夫な国に行ってその国の国籍取って日本国籍を捨ててからやれって話だ。

話は戻るが、ツラいときほど笑うこと。声を出して大声で笑え。ライブでなくても、格闘技の試合や、野球やサッカーなどのスポーツを見に行くのもいい。そして声を出せ。心がリセットできることを感覚で何となくわかっている人は、何度も試合に足を運ぶ。行くとスッキリすることがわかっている人も多いわけだ。

どんなにキツい現場でもスタッフとバカ話をして、大声で笑い合うことを常にやっている。眉間にシワを寄せて仕事することに意味はない。確かに仕事は真剣にやるべきだが、笑える時間を作らなければ心が腐っていく。多くの人はメンタルリセットができていない。

山の上に登った時はどんなに疲れていても「やっほー」と叫ぶ。大きな声を出すことでリセットすることを昔の人たちは知っていた。その習慣がいまだに残っているからだ。とにかく大声を出せ。これはネットではできないリアルだ。心をリセットするためには、いかにリアルなものが必要かということだ。

第十一章　実業家・大城ガクト

今から約四半世紀前、2000年のタイミングでCDは売れなくなると考えていた。MP3が出始め、「すぐにCDは売れなくなる時代が来る」と。自分たちでビジネスの基盤を作っておかなければミュージシャンが食べていけなくなる時代が近い将来必ず来ると考え色んなことをやり始めた。

カラオケやバー、ラーメン屋、レストラン、様々な飲食店

やり始めたことで一番利益率が高かったのは不動産だ。不動産は大きな利益を生み出しやすい。これが一番向いていた。大きな利益は不動産投資からのものがほとんどだ。

ただニッチな仕事も作って仲間が働ける環境なども作っておこうとカラオケやバー、飲食店を展開し始めた。やってみてわかったがとにかく飲食は難しい。売り上げを上げたところで1店舗での上限が決まっている。店舗を増やす以外に利益を上げる方法がない。FC展開や上場まで本気で考えてやれるならいいが、相当本腰を入れなければならない。飲食ビジネスはボク自身が動く時間に対して本業とバランスが取れないと感じた。ラーメン屋や焼肉、いくつかのレストラン事業に力を入れ始めたが、とにかく手間がかかりすぎた。

人手が足らない上に人手を増やせば利益率がどんどん下がる。鮮食を扱うこともリスクだ。

しばらくして方向性を変え子会社の連中にすべてを任せることにした。ボクが直接何かをするのではなく、「こういうの、やってみたらどうか？」と提案し若い連中が実行する。いわゆる出資ベースに切り替え実際の業務チェックはするものの、実務からは一切手を引いた。

芸能人の店は2年過ぎるとすぐ消える

GACKTの名前は店に出さないことにした。芸能人の店は2年経つとすぐ消えてなくなると感じていた。ボクに関係なく、飲食は［飲食の根本的理念を基にやっていけなければ、オマエら食べていけなくなるぞ］と常に忠告していた。ボクの事業ではなく、彼らの事業としてやらせていた。

ラーメン屋は新宿以外にも展開していた。週刊誌で一度掲載されたのは新宿の店舗だった。噂が広がった。それからは、絶対に名前を出さない、店にも顔を出さないと決めた。

やればやるほど思ったが飲食ビジネスは本当に難しい。飲食で成功している人たちを本当に尊敬する。仲間でも先輩でも、飲食を展開し上場している仲間もいるが、それは本当に凄いことだ。見ていて同時に大変だなと痛感する。飲食でうまくいっている人たちは多くの不確定リスクを背負いながらビジネスを組み上げている。凄いとしか言いようがない。

飲食店の経営は思い入れより利益率優先で考えさせていたが、1店舗だけ一切利益率を考えない［たまりバー］というバーも作った。そこはファミリーのために作った趣味の店舗だ。ファミリーだけが集まり利用できる場所。利益を度外視し、楽しめればいいというコンセプトだった。3年それを運営し、その後は閉めることになったが、若い連中が「ファンのために開放したらどうですか」という話になり、2年限定でファンのために開放することになった。GACKTの名前を出すことに抵抗はあったが、彼らの強い希望に押し負けた形となった。

40代からは実業ではなく投資

今でも飲食店には投資をしている。会社としてではなく完全に個人としてだ。日本だけではない。だから今、ボクが仕事と言えるのは、実務を伴わないものばかりで、いわゆる出資と投資だけだ。そこから利益を受ける。40代になってからは、実務に携わることをとにかく減らしていった。一切、ボクは手伝わない。アイディアを出すことはあっても実務の部分では関わらないようにしていった。

投資の判断は、間違っても失敗してもすべて自身の責任。実業になると自分自身が頑張ってしまう上に時間も必要以上に取られてしまう。今のボクには投資のほうが効率が良い。

子供の頃からカネに関する感覚、仕事に対しての意識を親が子供に教育すべきだ。日本にはカネを稼ぐ、カネを増やすという教えを子供のうちから学ぶ場がなさすぎる。

毎日、料理を作っている主婦の人たちは本当に素晴らしいと思うが、子供たち、ひいては旦那さえも、妻・母親が仕事としてそれに従事していることに意識も感謝も持っていない家庭が多い。

家庭で仕事の意味、カネを扱うことの大切さを教えるなら、親が子供に小遣いを渡す時には、子供は勉強するのが仕事だから小遣いが出るというのを明確に伝えること。

カネの使い方を教えたければ、食べることに対して常にカネがかかることだと認識させることから始めればいい。小遣いで払える範囲でお品書きも入れメニューも書き、「今日のコースはいくらです」と。食べ終わったら母親に料金を払う。子供に対し母親は仕事をしているのだという認識を持たせるためだ。何より感謝が生まれる。当たり前と思うからこそ感謝がなくなる。母親も嫌な時は「今日は閉店です」と言えばいい。料理に文句を言うこともあるだろう。「食べたくなければ外で食べておいで」と。

数億の負債

失敗した事業も多くある。たとえばリゾートホテル。経営の中身を初めて目の当たりにしたが、いかにリゾートビジネスが難しいかが経営を通してわかった。1シーズンのみの集客。日本は4シーズンあるが、1シーズンしか利益を出せないビジネスモデルはエグい。いろんなリゾートを回り勉強して『こうやって回しているんだ』と感動したことも多い。だが、利益を確実に出す基盤を作るには莫大な設備投資が更にかかる。その時は本当に資金がなくなった。他に回しているものをやめるわけにはいかず、数億の負債にまで膨れ上がった。

結果、1億の損失で終わったが、それで済んだのはラッキーだ。どう考えてもプラスに持っていくことが不可能な次元だった。大口の投資家を見つけなければ運営できない状況まで来ていた。「リフトが止まりました」「なんで？」「リフトの基板がひとつ焼けました。その基板を直さないといけません。5000万かかります」と。「ふざけんな、なんで基板がそんなに高いんだ！」。こんな問題が頻繁に起きた。

電気代も異常に高い。人口も減っている。実際にスキー場に来る人の数も相対的に減る。電気代は1シーズンで数千万円。明らかに目減りしていく事業だ。事業展開を金持ちに特化したサービスやエクスクルーシブのみの利用、インバウンドをメインにするなどでよほどのアドバンテージがない限り、過去に存在していた営業スタイルでは必ず破綻する。現在のスキー場の多くは、中国の資本が入っているのがその結果だ。損失を度外視しても日本の土地、日本の会社、日本のリゾート、ひいては日本の水が欲しいという中国資本でない限り、日本の企業が手を出すことは少ないだろう。赤字が明らかに見えているものには誰も手を出さない。彼らも自分たちの本業があり余力があるからできるだけの話であってプラスには転換しない事業にはよほどメリットがない限り手は出さない。いわば、ステータスとして手を出すこと以外にはかなりリスクの高いビジネスモデルだ。

仮想通貨

2017年には仮想通貨【SPINDLE】に参加した。実際はプロジェクトが立ち上がりボクの立ち位置は海外の関係者、有力者との架け橋になる［ブリッジ］としての役割だった。各国の要人や海外の仮想通貨市場の有名人たちとプロジェクトに携わるメンバーをつなげ、アドバイスをする立場で参加していた。それがいつの間にか、広告塔のように一人歩きし始めいつの間にかガクトコインなどと呼ばれるようになった。それ自体はしょうがないことだとは思ったが途中で内部分裂が起き始めた。内部での揉め事が大きくなり収拾がつかなくなっていった。更にタイミングが悪かったのが仮想通貨市場の大暴落だ。一気に下がった。ビットコインも1ビットが220万円まであったものが、その10分の1まで落ちた。マーケットの落ち込みに対し回復の兆しはまったく見えなかった。

プロジェクトがスタートして1年後、契約更新のタイミングで「もうこれ以上、迷惑かけられない」と会社から契約更新をしない旨が届いた。その後、内部が落ち着くまでに時間がかかったようだが、メインの運営者たちも外され新たに引き継ぎがあり運営者の何人かが残る形となった。

新しいプロジェクトとして再建しようと今もやっているが、ボクは一投資家として応援する立場となった。マーケットの大暴落による損失は誰も予想していなかった事態でこれに対し施す手段はなかった。

当時、この件に関してのバッシングが酷く、それに対しては何も話さなかった。プロジェクトとしてはタイミングも含め大きく損失を出している。頓挫はしていないにせよ、マーケットの煽りを喰らいプロジェクト自体が彼らの予想を超えるダメージを受けてしまった。投資詐欺と言われるのは違うとは思うが、そう言いたい気持ちは理解できる。ボク自身もかなり可能性の高い事業だと信じ数億投資していた。だが、マーケットの予想外の動きに、世界中のコインが最低10分の1、最悪1０００分の1、それ以上の下落を伴ったコインもたくさんあった。マーケットが一切動かない冷えた時代に完全に突入しそれが2

年以上続いた。仮想通貨に携わっていた人たちは、当然キツかっただろう。何もコメントしなかったのは、反論や言い訳に見えるのも違うと思ったからだ。

投資家側の立場からすると「どうなってるんだ！」と怒りの矛先を探し攻撃する気持ちもわかる。ボクも今は立場としては投資家の一人としてプロジェクトを見守っている。ボクも最良の機会だと信じ投資しそこに参加した。もちろん、現在の損失は大きく利益は一切ない。何十億も売り逃げしたなどと言われたが、そんなのは調べればすぐわかる。実際にボクも数億単位で損失を出したことも事実。マイナスは大きかった。カネの問題だけならまだいいがボクの名前の信用が下がることが何よりも大きなダメージとなった。

ボクが関わっている最中にいい結果が出せなかったことが何より悔しい。今も仮想通貨の世界は秋、冬などと言われているがプロジェクトが少しでも好転するようにマーケットの状況を見守るしかできないことがもどかしい。今もプロジェクトが動いているとはいえ、あの時点で結果が出せなかったことはボクにも責任がある。力不足を痛感している。

第十二章　ポーカーの魔力

30代になってハマったことの一つがポーカーだ。それまでは普通にカジノに行きバカラやブラックジャック、ありとあらゆるギャンブルをやっていた。たまたまスペイン・バルセロナに訪れバカラをしようとカジノに行った時のことだ。一角だけ雰囲気のまったく違うテーブルがたくさん並んでいた。客がテーブルを囲み何かをやっているのを見つけた。「これ何だ?」と聞くと「ポーカー」と店員が言った。「どうやるんだ? 5枚持つのか?」「いや違う、テキサスホールデムポーカーって言ってコミュニティボードに5枚並べて、その5枚と自分の持つ2枚のカードの中から、一番強いハンドの5枚を組み合わせて、お互いにベットし勝負する。最後までショウダウンしないで相手が降りればすべて自分のチップになるし、最後ショウダウンするときは強いハンドを持ってる方が勝つ」というきなり理解するのは難しい話だった。『ちょっとやってみるか』と席に座ると、「どこから来たの?」と聞かれ「日本」と会話のやり取りが始まった。「何やっているの?」と言われ「シンガー」と答えた。

リスペクトを示すゲーム

「ポーカー面白いね」と言うと彼が答えた。「かなり面白いね。ポーカーの凄いところって何だかわかる？」と聞いてきた。彼は続けた。「どんなに金持ちでも貧乏人でも、テーブルでゲームに参加する時は同じスタートラインに立つ。つまり、スタートは同じ条件から始まるわけさ。これって普通にありそうだけど実はない。バカラであれば、１００ドル負ければ２００ドルと倍賭けすることだってできる。マネープレッシャーに勝てる人間が結局強い。ポーカーはそれができない。みんな同じ金額からスタートするってことは、腕がないとできないし、むしろ、腕があればいくらでも頂点を目指せる世界なんだよ。スポーツの世界でもそうだけど腕だけじゃない現実がある。ポーカーは特別だよ」と。『なるほど…』とポーカーの深さに驚いた。

彼らのことをまったく知らなかったボクは普通に話をしていたが、実はＦＣバルセロナの50億円プレイヤーだということを後から知った。ポーカーは勝負に負けると、勝った相手にテーブルを叩いてリスペクトを示す。そんなゲームを見たことがない。これをきっかけに勉強するようになりポーカーの魅力にハマっていった。

ギャンブルという定義は、運のみによって勝敗が左右されるゲームのことを指す。そこに必勝法が仮にあったとしても、メインの要素は運でしかない。だがポーカーは決して強いハンドでなかったとしてもスキルで勝つこともできる。95パーセントは実力。運が作用するのは全体の試合数の5パーセント以下だ。もちろん運が関係しないわけではないが、それを知った時、『なんてゲームだ！』と驚愕した。その後、世界で一番プレイヤー人口が多いゲームだとも知った。

いまだに付き合いでカジノに行くことはある。だが一切、ポーカー以外はしない。ポーカーもトーナメントだけ。リングと呼ばれるキャッシュゲームもやらない。リングに慣れるとトーナメントが弱くなる。もちろん、打ち分ければいいのだろうが自分はトーナメントのみに絞ったプレースタイルを磨くことに注力している。トーナメントに出て成績を残そうと決めて練習をし始めた。いまだに大きい大会では1位を取ったことはないが、2017年に大会に出始め、その年の日本賞金ランキングでは1位になった。アメリカのウィーンというカジノで行われたハイローラーのトーナメントでは日本人の最高位4位。いくつか記録は残している。今回、ベトナムで行われたUSOPシリーズでは、SuperstarChallengeという200人のハイローラーが出場した大会で3位という結果だった。トーナメントに出てポーカーで成績を残すということにこだわり始め、ギャンブルと呼ばれるものは一切やめた。興味がなくなったと言うのが正しいだろう。

人を判断する力

ある時、マレーシアの自宅で仲間とポーカーをして負け、まだ残っているプレイヤーの実況を映像を撮りながらやっていた。それをうちのスタッフに「これ、面白くないか？」と見せた。「これ番組にできると思わないか？」と話をし始めた。それがAbemaTVの番組の実現にまで繋がる。

だが、ポーカーの実績も何もない状態で番組をやっても意味がないと感じ、トーナメントに出て結果を残そうと考えた。1回目の大会はマカオだ。これはまったくダメだった。2回目の大会がAPT（Asian Poker Tour）というフィリピンの大会に出て500人が出場したメインイベントで7位に入賞した。その後、世界的にもっとも有名なWSOP（World Series Of Poker）のサブイベントで出場者4000人の大会があり、そこでは100位で終わった。それも日本人では最高位。それがきっかけでプロポーカープレイヤーの人たちと繋がりができるようになり、番組にゲストで彼らに来てもらえるようにもなった。一応、ポーカーができる人という印象は残せたという段階で番組をスタートさせた。そこからもタイミングが合えばポーカーの大会には出るようにしている。

ポーカーは人を判断する力が養われる。観察力がものを言う。確率だけでやっている人も多いがボクはそのタイプではない。あくまでも確率の上でポジション、対戦するプレイヤーの癖、気質、そして流れを読む。これらを否定するプレイヤーもいるがボクはあくまでもこのスタイルを貫いている。もし、本当に確率だけで勝てるなら、確率の計算が正確にできる者が一番強くなければならないが、そうではない。それぞれのプレイヤーごとに確率論と観察力、それぞれのプレースタイルを見る目も含めてのバランス力。だからこそ、ボクはライブポーカーしかやらない。人が目の前にいて、その様子や間、動き、癖、すべてを総合的に判断し、このタイミングであればブラフが成立するという考えを導き出し、勝負を仕掛けたりもする。そういう意味で人を見る目が大いに養われる。だからこそオンラインで強い人はいても、ライブポーカーになると途端に結果が出せなくなる人も多い。

WPT（World Poker Tour）という組織のトップは親友で、彼の主宰するチャリティイベントなどにも出場した。ポーカーの世界にはレジェンドが何人もいて、彼らとも随分仲良くなった。ＡｂｅｍａＴＶの番組には〈山田孝之〉に「出てくれるか?」とオファーしプレイヤーとして参加してもらった。孝之がポーカーに興味があったのかはよくわからないが、彼はポーカーに向いていると個人的には思う。ポーカーにギャンブルのイメージを持つ者もいるが、特にトーナメントポーカーは完全にＥスポーツだ。もちろん運（ギャンブル）の要素も０ではない。だが、ほとんどがスキルと言っても過言ではない。もし運の要素が強い、もしくは運だけのゲームであるなら、毎回数千人いる大会で、トップに残るプレイヤーが同じなわけがない。運だけではないということはトーナメント上位者を見れば一目瞭然だ。どの大会でも最終的に残るのは有名なプレイヤーばかりだ。人数がかなり多い時には有名プレイヤーでさえ、途中で消えることもよくあること。３００人ぐらいの大会であれば、やはり強い人が残る。

アジア人でコイツは凄いと思ったプレイヤーは、フィリピンの〈Ｍｉｋｅ Ｔａｋａｙａｍａ〉。日系人らしいが日本語は話せない。彼と同じテーブルでプレーすると彼の凄さがよくわかる。

普通はどんな競技でも、とにかく若い頃から始めた方が絶対有利と言われている。野球、サッカー、剣道などの格闘技もそうだ。スポーツだけでなく、将棋、囲碁、チェスにしてもそうだろう。いつから始めてもプロになれるチャンスがあるのはポーカーぐらいではないか。いつ始めたとしても、その人が強くなれるチャンスがある。だから面白い。時代の流れによって打ち方もトレンドも変わってくる。常に勉強が必要だ。

競技会場でボクはフードを被っていることが話題になっていたようだが、きっかけはラスベガスに行ってからだ。会場が死ぬほど寒い。外は40度、中は16度。耳を出しているだけで、体調を壊す心配をするぐらいだ。もう一つ理由があるとすればフードを被ると横が見えなくなる。集中できる環境を作ることができる。基本的にずっとテーブルでヘッドフォンをつけているのも耳が寒いという理由だ。音楽はあまり聴いていない。

勉強会

ここ数年は、各国のポーカートーナメントにタイミングが合えば出るが、普段は1週間に一度、マレーシアの仲間とプロを集めて勉強会をやっている。週末に集まって「その打ち方じゃダメだ」とか「その打ち方はこういう風に見える」などお互いに意見を出し合いながら勉強する。そうやってスキルを上げていく。その中の一人がマレーシアでのトーナメントPOKER DREAMで3位の快挙を成し遂げた。これは嬉しい話だ。「G、オレにポーカーを教えてくれてありがとう！」と夜中に興奮し電話がかかってきた。仲間がこうやって強くなってくれるのは自分のことのように嬉しいものだ。

初年のバルセロナを経て、2回目のバルセロナのカジノを訪れた時はすっかりポーカーにハマっていた。ボクの隣にアジア顔のスペイン人が座っていた。顔の彫りは深いものの、『日本の九州にもこういう人いるよな…』とチラチラ見ながらプレーをしていた。そうこうしているうちに1時間ほど経ち彼の連れがやってきた。彼に「勝ってる？」と日本語で聞いてきた。「うーん、まあまあ」と答える姿を見て『日本人かよ！』とそのまま声をかけた。彼はそこからの縁で今でも仲がいい。大手居酒屋チェーンの有名な副社長だった。

起業家や経営者でポーカーをやっている人はとにかく多い。言葉が通じなくてもコミュニケーションが取れる。同じテーブルでしばらくプレーするとすぐ仲良くなれる。多くの海外の経営者は上手い下手は別にしてポーカーをたしなむ。やろうと言うとみんなできる。日本でいうオセロぐらいの感覚でやっているんじゃないかと思うほどだ。

古い日本人はポーカーと聞くと5枚持って何枚かを交換して…のようなものを連想する。それはドローポーカーと呼ばれるもので昔からある古いスタイルだが、今はテキサスホールデムポーカーが世界の主流で、大会も世界中で一番行われている。最高金額の賞金がつく【TRITON】という大会は参加料だけで2億円。賞金は20億円。出たいと言っても招待制で誰でも出られるわけではない。プロも出られない。有名な起業家や経営者、有名人だけが集まっている大会だ。

【WSOP】のメインイベントの賞金は今は15億〜18億円ぐらいまで上がっている。参加料が180万円。

ライブ会場だけで8000人以上が参加する。ネットでも同時開催することから参加者のトータルは数万人にまで上る。多すぎだ。ボクが始めた当初はライブポーカーだけだったが、8000人が会場にいる光景はエグい。会場もいくつかに分かれている上にトイレの設置も異常な数のトレーラー車が外に並ぶというものだ。休憩のタイミングになると、外のトレーラー車のトイレに長蛇の列。ポーカーに参加している日本人は300人程度でまだまだ多くはないが年々増えている。

一喜一憂

ポーカーを始めて得たものは何か。それは一つのことにいちいち一喜一憂、イライラしなくなったことだ。ポーカーは予選から本選、決勝まで含めると数千回プレーをする。数千回のうちの1回にこだわり、いちいちイライラしていれば必ず負ける。これは人生に近いものがあり、人生には良くも悪くも凄まじい数のイベントが存在する。その出来事にいちいち一喜一憂していれば、精神もさることながら仕事にも影響する。

人間は精神状態が仕事の結果に大きく影響する動物だ。精神状態をうまく保てない者は最後まで残れない。負けた瞬間に熱くなるようでは一気にそこから負け続け、凄まじく持っていたチップを一瞬でなくしてしまうこともザラにある。人生の縮図とも言えるだろう。

大きく負けたとしても一度リセットし、もう一度冷静になれる強さが必要。ボクも同じく一喜一憂しなくなった。冷静に判断し一つのプレーに固執はしない。集中力も上がる。

一喜一憂する人は、いわゆるフィッシュと呼ばれターゲットにされる。同じテーブルにフィッシュを見つけるとプレイヤー全員が彼のチップを取りに行く。周りもまたしっかりと観察していることがわかる。パッと見てフィッシュだと思った瞬間、その人との勝負をどんどんぶつけに行く。勝負を挑まれた方もどんどん熱くなり冷静な判断を失う。その関係性がとても興味深い。アジア大会であれば「ヘイ、ＧＡＣＫＴ！」とみんなが声をかけてくれるようになった。

基本的にＷＳＯＰの一番大きなトーナメントはボクの誕生日と重なっていることから、行けないことが多い。開催地のラスベガスも好きではない。乾燥が酷い、街が面白くないのも理由の一つだ。派手な作り物しかなく感動がない。

バルセロナやチェコ、オーストリアで大会が行われる時は気持ちが揺れる。街を歩くだけで心が弾む。ボクはバルセロナの大会がお気に入りでヨーロッパの中でも特に推しだ。チェコはタイミングが合わず行けないことが多いが国としては最高に雰囲気もいい。

最近では多くの大会主催者から招待を受けることが多い。先述した【ＴＲＩＴＯＮ】という世界で一番賞金が大きい大会からも、毎回、招待はされるものの一度もタイミングが合ったことがない。撮影やツアーと重なったりだ。来年には出たいところだ。台湾で行われた大会もライブと重なっていて行けなかった。どの主催者にも、タイミングが合えばよろしくという感じでコミュニケーションは取っている。東南アジアのベトナム、フィリピン、カンボジア、マレーシアでも大会が頻繁に行われている。数カ月前、カンボジアの大会に招待されたが、行く必要がないと感じた。食事も不味く治安が悪すぎる。とてもじゃないがお勧めできない。ベトナムは面白い。ハノイは雑多な街だが楽しさも多い。バイク8割、車2割といったところだ。ダナンは逆で車8割、バイク2割。リゾート地ともあって若干物価は高いが楽しいし街も面白い。何より食事のレベルがかなり高い。ここなら家族や恋人と一緒に来ても楽しめるからお勧めだ。フィリピンも最近は治安がかなり良くなったこともあり、日本からは手軽に行ける。住んでいたから慣れているというのもあるが、フィリピンもかなり面白い。アジア圏で開催ならタイミングが合えばまた必ず顔を出す。現地で会うことがあれば気軽に声をかけてくれ。大会でポーカープレイヤーとして戦い合うのを楽しみにしている。

第十三章

人生を変えた恋愛と終活

ボクの人生は叩かれることの連続だ。叩かれて強くなったわけではなく、「叩かれても響かなくなった」が正しい。どうでもいいことと認識できるようになっただけ。30代の後半ぐらいでボクへのバッシングやくだらない記事に対しても、『記者も生活あるしな…』『こんなくだらない記事で稼がなきゃいけない人も可哀想だ…』と思うようにもなった。

今回の活動休止中に日本を見ていて不思議だったのは、この1~2年の間で過剰に多くの芸能人たちが叩かれていたことだ。香川照之さんが「銀座のクラブでブラジャーを取った」とか。それがたとえば、1~2週間前の出来事がスッパ抜かれたのであれば百歩譲ってなんとかわかるレベルだが、数年前のことでしかも本人たちの間で話し合いも終わっていることとだ。何を今さらって話だろう。しかも香川さん自身も表に立って「申し訳ありませんでした」という謝罪をしていること自体に違和感しかなかった。『一体、誰に謝っているのか? どうなってんだ、この国は?』と。そんなことを言い出せば、過去に些細な過ちを犯している人なんてゴマンといるわけだ。

最近思うが、コロナ期間中に多くの国民は「いじめはいけない」と言うのにもかかわらず、大人が大人をいじめる社会に完全になってしまっている。「弱い者いじめはダメ」だが、有名である程度結果を出している人を攻撃するのはＯＫという風潮もまた、一体なんなのか理解ができない。香川さんをＣＭやテレビの仕事から引きずり下ろしたことに『オレたちは正義だ！』と本気で思っているのか？　海外から見ると日本人の異質な一面が浮き立って見える。最近も結婚報告をしたユーチューバーの手書きの文字が汚いとかで炎上した話もくだらなすぎて目も当てられない。「文字が汚い！」と攻撃できる箇所を探しては否定し批判する。大体、文字が綺麗かどうかなども含めてその人の個性の一つだ。しかも、「おめでとう」の一言も届けず他人の粗探しをしている者は、人の文字の汚さを指摘する前に己の心の醜さを治す必要があると思うのだが。

美学

こんなくだらないことに注意を注ぐのなら、もっと多くの人が亡くなっているウクライナやロシアのことを本気で考えるべきだろう。災害の被害を受けている人たちを助けることや、もっとやるべきことが世の中には多くある。攻撃する対象を見つけ、その人をとにかく追い込み、引きずり下ろすことに全注意を注いでいる可哀想な民族にこのまま成り下がっていくのか？　ある種の属性にカテゴライズされる人たちを攻撃する行為は、かなりレベルの低いヘイトクライムでしかない。ヘイト依存症とでも言うのか、ヘイトをやめられなくなっている人、いわゆる麻薬やアルコール依存、DV癖のある人間と同じように他人を攻撃することで高揚感やある種の活力を感じている人が現実に多くいることに悍ましさを感じずにはいられない。

ボクが思う［日本人の好きなところ］［素晴らしいところ］は、［美学］を持って生きていたことだ。日本人は他の民族に比べても圧倒的に美学を大切にしていた民族だった。その美学は一体どこに行ったのだろうか。海外の仲間に香川さんの件を話すと「それが今の日本の主なトピックなのか?」「他にやることはないのか?」と口を揃えて言う。残念でならない。

1ドルが近い将来に200円に到達しそうなこの状況で、日本人はもっと日本経済が直面している問題を真剣に考えなければいけない状況で、誰かがクラブでブラジャー取っただの、それが話題の中心になっているこの国は大丈夫なのかと呆れる。『この件はオマエの生活に密接に関係しているのか?　もっと考えなければいけないことが他にいっぱいあるだろう?』と疑問を感じずにはいられない。日本人はどこまでボケてしまっているのだろうか。どれだけこの危機的な状況でまだアグラをかいているのか、それとも諦めてしまっているのか。

現在、日本人であれば海外のどの国に行って買い物や食事をしても、モノの値段が『高い！』と思うはずだ。日本にいるから気づいていないだけで、物価高の世界から見ればすでに貧乏な国の一つであることは間違いない。この30年間で日本の月収はほとんど変わっていない。他の国は少なくとも倍になっている。これがどれだけ危険なことかわからないのだろうか。

少し前のことだが、たまたまボクに対する書き込みを見た。質問とその回答みたいなものが書いてあった。

《なぜGACKTはいい歳でイケメンなのに結婚してないんですか。モテないんですか》

《金持ってても50になって結婚してなかったらそもそも負け組》

ネット上でそんなトピックでしかマウントをとれない可哀想な人が多すぎる。この書き込みをした人は結婚しているのだろうか、それはよかった。ボクはその書き込みを見て

『こんなイケてる負け組、そりゃ恨まれるよな…』と、いちいち腹を立てることもない。虫の鳴き声に腹を立てるライオンはいない。

怒鳴らない

若い頃は感情のコントロールができなくて酷かった。とにかくキレまくっていた。暴れ散らしていた。が、今は怒らなくなった。いや、大声を出して怒鳴ったりすることがなくなったが正しい。

もちろん世の中に対する怒り、人に対する怒りの感情が消えることはないが、ただ、感情と直結して相手に対する攻撃にはつながらなくなった。他人のミスで起きた損失にはイライラするものの、「ウワーッ！」と暴れていた以前のことが嘘のようだ。40歳までは檻のないライオンだった。40歳を迎えた年、あることをきっかけに、『これからの人生は他者に怒鳴ることも、大声を出すこともやめる』と心に誓った。

きっかけは、その時付き合っていた女性だ。彼女は一目惚れから始まった。中身に触れさらに驚いた。これほどに楽しく素敵に笑う人がいるのかと。心から幸せを感じた。いつも彼女の発言に笑っていた。

ある日のことだ。些細なことから彼女が感情的になり、「今は感情的になっているからやめろ。冷静になってから話そう」と提案したが彼女は収まらなかった。結局その後、互いにヒートアップし最終的には大声を出し怒鳴り合っていた。まったく収まることもなく途中で抜け出しカフェに行き、一日中落ち着きを取り戻そうと、どうしたものかとずっと考えていた。好きな相手なのにもかかわらず、感情的な口論は傷つけ合う行為でしかない。中にはケンカをコミュニケーションだと言う者もいるがボクは願い下げだ。コミュニケーションならば他の方法がたくさんある。傷つけ合う行為をコミュニケーションなどと美化することは勘違いも甚だしい。

カフェで一つの結論を出した。『ボクの人生で感情的になって大声を出したり怒鳴るのは今日限りでもうやめよう』と。家に帰りまず謝り、座って話を聞いてほしいと彼女に伝えた。「もう自分の人生で感情的に怒鳴ることをやめる。だからオマエが感情的になってもボクは一切怒鳴ることもない。その時は必ず、『今はやめろ。落ち着いてから話そう』

と伝える。それでもオマエが収まらない状況が三度続いたらその時は別れよう」と伝えた。

ボクはそもそも言い争うことが大嫌いだ。男同士なら、殴り合うほうがよっぽどマシだ。明確な終わりがある上に殴り合えばお互い痛い。そして疲れ疲弊する。そこには必ず終わりがある。もちろん、女性と殴り合うわけにはいかない。女性とは言葉だけでのやり取りになるが、口喧嘩というものは永遠と終わりがない。それこそ0・1ミリの刃先でお互いの皮膚に傷を入れ合っているような行為だ。血はほとんど出ないが傷は残る。後からその傷を見返すとその時の記憶がよみがえる。傷が消えるのにもかなりの時間がかかる。そんな愚かな行為はボクの人生に必要ない。

互いに不幸になる

彼女のことは本当に好きだった。だから好きな相手とこんな風に何度も何度も感情的に口論し喧嘩することは意味がないと結論を出した。その提案を彼女も受け入れた。彼女も、もう喧嘩はしたくないと。

「冷静に言ってくれれば、直せるところは頑張って直す。だが感情的になってしまえば言わなくていいことまで言ってしまう。好きだって気持ちが一番大事なはずなのに、その気持ちを損なうようなことを互いにするのはやめよう。だから今後、三度ヒートアップして止まらなかった時は別れよう。きっと選んだ相手が違うんだ」と。

口喧嘩を許してくれる人、それが好きな人も世の中にはいるかもしれない。残念ながらボクは違う。だからそういう人を見つけたほうがいいと判断すべきだ。どれだけ相手が好きであってもだ。

結局、半年後別れる日が訪れた。三度、ヒートアップが止まらなかった。これ以上一緒にいるとボクも彼女も不幸になると判断した。好きだという感情はずっとあった。気持ちを整理できるまでにはかなりの時間がかかった。

自分の器の小ささ、余裕のなさに対しても申し訳ない想いだった。反省の時間もずっと続く。ボクに足りなかったものはどれぐらいあったのだろうかと。

別れた時は舞台『MOON SAGA－義経秘伝－第二章』のリハーサルの最中だった。演出、主演、脚本、音楽をすべてやっていた時でまったく心に余裕も時間もない時だ。それに加えて彼女とのことが重なった。精神的にボロボロだった。

二つ同時には手に入らない

もっとボクに余裕があれば違う向き合い方ができたのかもしれない。人間は余裕がなくなると許容範囲が極端に狭くなるのも事実。人生は頑張らなきゃいけないタイミングが必ずある。同時進行でいろいろ求めるとうまくいかない。二つ同時に大切なものは手に入らない。今でも思うが、あの［ヒートアップした残念な時間］を除けば一緒にいたんだろうという想いはずっとある。

結婚しようとは思わないが、そもそも結婚を否定しているわけでもない。その必要があったならいつかはしていたかもしれない。今でもたまに電話で話し彼女の相談に乗ったりもする。とにかく存在が大きかった。

今でも彼女と出逢ったことに心から感謝している。それまでのボクはすぐキレる、暴れることから大きなトラブルになることも少なくなかったが、そんなボクを変えてくれるきっかけを与えてくれた人だ。幸せになってほしいと心から願っている。

2009年に年齢を公表した理由

ボクは今、50歳。2009年、主演舞台【眠狂四郎無頼控】の制作発表で年齢を公表した。もともと年齢公表するかしないかは大した問題でもなかった。そのタイミングで年齢を言ってもいいのではと考えていた。ファンもずっと知らなかったわけだ。

当時のプロデューサーが「年齢を発表するのはどうかな?」と提案してきた。「いいよ」と話が進んだ。別に隠したいわけでもなかった。「え、俺より歳下だったのかよ!」と思った人が周りには大勢いただろう。『あんなに態度デカいのに!』と。

自分の年齢を隠した理由はひとつだけ。ボクは20歳のときに上京しバンド活動を始めた。周りはみんな歳上の先輩だらけだ。その状況で年齢を言うと、すぐさま後輩扱いされ奴隷のようにこき使われる。先輩後輩が年齢だけで勝手に決まる時代。歳上というだけで相手は必要以上にこちらをナメてくる。当時のバンドメンバー以外には、年齢を一切誰にも言わなかった。４４８歳とか適当に言っていた。「オマエ、絶対オレより歳下だよな？　ナメた態度だから潰すか」と言われると、「じゃ、やるかぁ！」とこんなくだらないやり取りの日常だ。バンド時代はそんなことばかりだった。

誕生日の7月4日は、ライブかバースデーイベントが必ずあり、それがすべて終わって疲れ果てた後にプライベートのパーティーが行われる。３００〜４００人集まり酒も大量に用意している。最初はワインだったが、13年前からはテキーラになった。一人1分、話したとして４００人いれば４００分、つまり約7時間。ワインをそれだけ飲み続けるのはキビしい。

であれば、全員参加型の「テキーラ生き残りパーティー」にしようと完全に趣旨を変えた。常に覚悟のある人、飲める人だけ来てくれと連絡している。エントランスで誓約書も書かせる。「ここで何が起きてもすべて自己責任」だと。誕生会が始まるとまずは挨拶をする。「よく来てくれたな、馬鹿野郎ども‼」。ノリは完全にプロレスだ。会が始まると、まずはボクが10杯のテキーラを飲むところから始め次々とグループで仲間たちがステージ上に登り、テキーラを10杯ずつ飲むというローテーションが永遠と繰り返される。

合間合間で一緒に飲まなければいけない。正直、めちゃくちゃキツい。時間と共に仲間がどんどん消えていく。最後に生き残るのは30人ほど。そして残った仲間と抱き合った後に帰る。

帰った後が地獄だ。完全にハイになって眠れない。朝から全員にメッセージを打っているが、当然誰も返事を返してこない。昼過ぎになってようやくポツポツと「大丈夫ですか?」と返信が来る。「ずっと朝からメッセージ打ってたよ。誕生日なのに一人ってのは寂しいもんだな」と返す。

そんな時に『戦場ってのは、こんな感じなのかもな』とふと思った。戦争で生き残って帰ってきた人たちはまた戦場に戻るという。精神的に日常の生活が受け入れられなくなり虚無感が続く。ボクの誕生日会でも、参加した人たちはもう飲みたくないと言う。ボクも飲みたいわけではない。だが極限状態になりまた帰ってしまう気持ちもわかる。そんなことを考えているからおかしいヤツとか言われるのだろうか。ただ、体調不良で活動を休止してからは極端に酒が弱くなった。以前のようにテキーラを一人で5～6本など飲めなくなった。今回の誕生日は3本目ですでに酔っていた。酒は弱い方がいい。最初から弱いと周りにアナウンスして、適度に飲んで気持ちよくなっている方が健全だ。うちのようなテキーラパーティーなどは今の時代には危険極まりないパーティーのように言われるだけ。だが、多くの仲間がこれを一年で一番楽しいイベントと期待しているのも事実。困ったもんだ。

余生

50歳の今は余生。今はできるだけ早く世界中でライブをやろうと決めている。ボクはライブハウスの独特の雰囲気と緊張感が好きだ。あの距離感となんとも言えない緊張感がたまらない。今までライブハウスでやったコンセプトで一番好きなものはＹＦＣ（ＹＥＬＬＯＷ ＦＲＩＥＤ ＣＨＩＣＫＥＮｚ）だった。ＹＦＣと同じことをやるかはまだわからないが、ああいう激しいことをできなくなるまで世界中でやり続けたいとそう感じている。世界中で待っているファンがいるからだ。彼らに対する約束を果たさなければとそう思っている。

ヨーロッパもアジアも南アメリカもそうだ。それがうまくいくかどうかというよりは、まずは彼らに「約束は守ったぞ」と言いたい。利益など出なくてもいい。世界を回って待っていてくれた人たちに想いを届けたい。彼らに対し、「ずっと待っててくれてありがとう」と。

ライブハウスで世界中を回ることが自分のライフワークになれば、これから生きていく楽しみも一つ増える。今は日本に帰るのは2カ月に一度ぐらいのペースで1週間から10日。それ以外はマレーシアで過ごしている。できる仕事のほとんどはリモートワークで事足りる。だが、逆に、『音楽を、ライブをもっとしっかり届けよう、自分ができなくなるまで届けよう』という気持ちが今はかなり強い。この休養期間の活動休止がとにかく大きかった。ここから3~4年の間にはすべて完結させるつもりで動く。いつ自分の体が動かなくなるのか、できなくなるかなんてのは誰にもわからないからだ。いつ死ぬかもわからない。健康だと思っていた人がコロッと死ぬ世の中だ。自分に残された時間に余裕を持ってる人は感覚が鈍いか、本当にすごい人かのどちらかだろう。

スターの在り方

メジャーリーグにはまったく興味はないが、日本人がもっと外に出て活躍できる場所があることには興味がある。子供たちにとって大きな夢となるからだ。夢の対象になるということが何よりも大切でそれもまた大人としての義務、使命だと思っている。

日本人のミュージシャンが根本的に好きではない一番の理由は、かなり売れた人も含めて夢を与えない大御所の人が多すぎるからだ。次の世代に対し、もっとオープンに「ミュージシャンって凄い！」という姿をなぜ見せないのかといつも感じるからだ。色んな理由を並べても、結局のところ、派手なことをすれば叩かれる、そのことにビビっている大人も多い。本末転倒だ。それを目指す人がいなくなることがどれだけ危険なことかを理解していれば、もっとミュージシャンは凄いんだぜ！　という姿を届けられるはずだが。結局のところ、保身がマーケットを縮小させる原因を作っているということになる。もちろん、色んな理由があるのはわかるが、そこまで含めて成功したミュージシャンには責任がある。まあ、結局ミュージシャンにそれを期待することが間違っているのか。それがミュージシャンたる所以かもしれない。

数少ない日本人が海外でチャレンジしているが、実際に海外でチャレンジすることは想像以上に大変なことだ。コミュニケーション、言葉、食事、環境の問題が多く周りに友達もいないだろう。海外で勝負しようとすることは、ゼロから環境づくりも含め、全部やり始めなければいけない。だが、それをやることによってもっと日本人が世界に出るきっかけや勇気や夢を与えることができる。そう考えるとイチロー選手や、大谷選手は素晴らしい。結果はもちろんのことだが、何よりそれを子供たちに夢として、可能性にチャレンジすることを見せているからだ。

行動の遅れと大惨事

ボクが唯一、40代で後悔したことは判断が遅れて以前の事務所から離れなかったこと。これだけだ。結論は出していたにもかかわらず、周りから止められたことで半年待っていたことから狂ったこと、失ったことが多くあった。その時に痛感したのは、「行動が遅れる＝大惨事になりかねない」ということだ。

ボクの天命は人の背中を押し続けること。事務所とのトラブルの後、歌手をやめようと考えたこともあった。今回病気したことで、『声が出続ける限り、一人でも多くの背中を押し続けることがボクのやるべきことだ』と今は強く感じている。もともと自分が東京に出てきたきっかけでもあった。仲間からも言われた。「一人二人って数えられる人の背中を押すことはできても、何千人、何万人の背中を押すことはできない。GACKTさんはそれができる。それは選ばれているということだ。選ばれたことに怠慢になっちゃダメだ。天命を全うしろ」と。まだ救える人がいるなら、押せる人がいるなら、やれるところまでやってみようという気持ちに変わった。

子供と触れ合っていると無限の才能に満ち溢れているといつも感じる。この子たちの才能や夢、可能性が少しでも広げられるようにしたいという想いもある。日本はチャンスに恵まれている国のようで心を創る環境にはまったく恵まれていない。以前から海外のストリートチルドレンの支援活動もしているが、ボクが一人でやれることは限られている。[こんな活動をやっています」と誰かをサポートすることを表に出すこともやめた。昔はそれを公にすることで一人でも多くの人の意識が少しでも変わればと考えていたが、結局、変われる人間はボクがそうしなくても勝手に変わる。大多数の人間は、それを売名行為だと疎ましく感じる。ボクの認知度は97パーセント。ほとんどの国民が知っているわけだ。今更、売名する必要はまったくないにもかかわらず変なやっかみを受けて誤解されるぐらいなら、わざわざ言う必要もない。自分のやりたいようにやれる範囲で色んなサポートをやり続けていけばいい。

散骨

ボクが死んだ時のことは姉に伝えている。これは随分昔から言っている。「沖縄の海に散骨してくれ」と。墓などいらない。この考えはずっと変わらない。誰かに自分の墓に来てほしいとは思ってない。海を見て手を合わせてくれるぐらいで十分。身内の墓を買ったり、色んな手続きに振り回された時にそう思った。『ここ（墓）にいたくない』と。

ボクは毎年、沖縄に戻って一族の墓を掃除している。今はボクの役目になっていて、最低20～30人のスタッフを連れて墓掃除に行く。20代後半から墓の掃除を手伝っていたが、一族の者たちは皆、歳を取りやり手がいなくなってしまった。沖縄の門中墓（むんちゅうばか）はもともとサイズが大きい。うちの墓に至っては山奥にあり、かなり古かったことから建て直しサイズも縮小したが、それでも（今回撮影した）このスタジオぐらいの大きさはある。

もともとが異常に大きかった。覚えているのは5歳のときからの記憶だ。サトウキビ畑を車で抜けあぜ道を通り、山の中を歩いてたどり着くまでもとにかく大変だった。大きな墓に苔も生え、草も生え、汚れも全部掃除しなければいけない。ハブの出ない時期に行くようにしていた。墓だけではなく祭壇まである。しかも墓と祭壇が沖縄の別々の場所にある。うちの先祖のルーツは沖縄の南部エリアで墓は南部にあるのだが、曾祖父が沖縄北部で町を作ったことから祭壇は北部のアクセスの悪い場所にある。墓と祭壇の掃除は日帰りではとてもじゃないが行けない。初めは6人で行ったが、一日で終わらず、墓掃除だけで3日もかかった。

後の世代にはそんなことをさせたくもない。死後、毎年管理しなきゃいけない状況が続くのは大変なことだ。嫌な想いもするだろう。ボクは散骨でいい。海を見に来て『ここにいるんだな』ってぐらいがちょうどいい。そのうち誰も来なくなったとしても誰も困らない。

ボクは沖縄が大好きだ。大好きな分、どんどん消えていく沖縄の文化に悲しみが募る。沖縄は40年ほど前までは独自の文化と建築物が多くあった。これは絶対に沖縄にしかないという景色、雰囲気、時間の流れ、そういう街や村が沖縄の至る所に多く存在していた。ところがこの40年の都市開発で本土とまったく変わらなくなってしまった。沖縄には観光資源しかないにもかかわらず、内地と同じにしてどうするのかという想いがやまない。残念でしょうがない。文化遺産やアイコンになるわかりやすいものだけを残し、沖縄らしい街がどんどん消えた。ここまで沖縄が壊されていることになぜ気がつかないのだろうか？街を歩いているだけで沖縄を感じることが以前はできたあの街並みが今はほとんど消えてしまった。どこもかしこも本土と一緒だ。近代化することでただの日本の一部、他の都道府県と何ら変わらないようになってきている。これは沖縄に限らず、どの県も地域も抱えている問題であると認識している。本来はもっと守るべき街並み、独自の雰囲気を大切に保護すべきなのに近代化の波に呑まれどこもかしこも同じになった。

なぜ各県がそれぞれの特徴を保護し、県自体で独立して自分たちの街を守ろうとしないのか？　観光名所がなければ観光は成り立たないと思っている者が多いが、わざわざ観光名所を作るより街全体が観光に成り立つ古き良き雰囲気を守っていれば成立したはずだ。なんてもったいないことをしているのだろうか。帰るたびに壊されていく沖縄に心が痛む。

開発が街を育てるわけではない。都市開発とは古いものを壊すことではない。ポルトガル、スペイン、フランス、イタリアに行けば、街が昔のまま残っている。絶対にこの街の景観を壊してはいけないと法律で決まっている。なぜ日本は古いものを壊そうとするのか？　なぜ新しいものをすぐ建てようとするのか。ビーチに行くことが観光だと思っている地元の人が多すぎる。近代化とは、その瞬間は街は新しくなる気がするが、10年経てばただ古く時代遅れのものになる。近代化のツケというものだ。これはすでに多くの人が体感していることだろう。

石垣も宮古もすごいスピードで開発が始まっている。開発を入れるなとは言わない。街を守ることをしなければ失ったものは二度と帰ってこない。守った上で古くなるものを補修し、壊して新しいものを建てるのはやめるべきだ。古くなったものをいかに住みやすいようにするか。中だけ変え外観を残すことがなぜできないのか。そういった街の景観を守る法律があれば、古い街を歩くだけで観光が成り立つ。もっとヨーロッパのそれを見習うべきだ。もうすでに日本には、そういった街はごく一部の地域しか残っていない。この日本がこれ以上大切なものを失わないことを切に願う。

課題ノート

若い時［課題ノート］というものを書いていた。ノートいっぱいに書き溜めた。自分のやりたいことを書き溜めたノートだ。達成できたのは、その半分ほど。手つかずのものもいっぱいあるが、『これ、要らないな』と思うものも増えた。たとえばプライベートジェットなどだ。色々調べていた時もあったが、欲しい機体が日本の環境だと買えない。購入金額の5パーセント前後が年間のメンテナンス費となる。だが日本だと機体が大きければ駐機場もない。アメリカぐらい土地が広大であれば自分の家に滑走路を作ったりもできるのだろうが。今は行かなきゃいけない国は全部行って一周回ってここにいる。今、持つ必要があるのかと。そんな感じで自分のノートをたまに見ては『まだ、これをやってなかったな…』とやるべきことのために時間はどれぐらい必要かを計算したりもする。

この課題ノートを必ず一度は作った方がいい。【ゾン100】というアニメで100個のやりたいことを書き連ね、それを一つ一つやっていくというものと同じだ。自分のやりたいこと、やってみたいこと、欲しいものをとにかく書き出すことには意味がある。それを書き終えた後に、一つ一つのイベントに期限を設定すると、それを全部やり終えるには何年かかるのかが明確に見えてくる。人生は思っているよりも遥かに短いということに気づく。やったことのない人は是非、試してくれ。

感覚の圧縮

理想の最期はどんなものかと聞かれるが、シンプルに考えている。まず、葬式は要らない。やるなと言ってもやりそうだが…。「面白い人生だったね」と笑って送ってほしいだけだ。笑いながら飲み明かしてくれれば最高だ。お別れパーティーの方が合っている。みんなで最後のテキーラパーティーがいいだろう。仲間もファンも集う形の最後のイベントにしよう。それがいい。それが一番GACKTに合ってる。仲間が来て泣くとか、お経を読み上げるとか、そんなのは真っ平御免だ。悲しい顔なんて誰にもしてほしくない。まったく望んでもいない。テキーラパーティーを1週間やり続ければ、みんな最後は嫌になってそれぞれの生活に戻るだろう。「もう二度と飲みたくない！」と。

恐らくだが、ボクはポックリ逝くだろう。寝ている間に死ぬ気がする。もしくは事故か。やはり無茶なこともいまだに多くやっている。いつ死んでも仕方がないと考えているし、理想の死ぬ姿などもない。

ただ、もしひとつ願いが叶うのなら、すごく好きな人がその時に傍にいて、彼女が笑って送ってくれればそれだけで十分だ。ありがとうと言える人がそこにいてくれればそれだけで十分だ。40歳の時、これが最後の恋愛だと思ったが、この実現は難しいのだろうか。もし今後そういう人が現れればそれはまさに奇跡と呼べるだろう。

今、大切な人がすでに傍にいる人は、そのことが奇跡だと言っても過言ではないほど素晴らしいことなのだと認識すべきだ。好きな人が、自分のことを好きでいてくれる。そしてその時間を共に歩いていける幸せに心から感謝すべきだ。当たり前になってしまったことで、その大切さが見えなくなっているのは、失った時の想像力が欠如しているからだ。傍にいる大切な人に「ありがとう」と伝え、一緒にいる喜びを再確認し、そんな奇跡が起きたことに心から感謝すれば人生は本当に素敵なものとなる。

歳を取っていくと痛みが薄れる。人に対する感情も圧縮されていくのかもしれない。リミッターがかかっている感じと言えば理解しやすい。ドキドキするとか、怒りも悲しみも喜びもシュリンクしていく。

感情が水の波紋だと考えた場合、若い時は何かがあった時、大きな石が水面に落ち波紋の勢いがブワーッと広がる感じがあったのに対し、歳を重ねるとまるでその液体が質量の高い液体、重い液体の上に石を落としたような波紋の広がらない感じだ。その液体が自ら動きを遅くしているようにも感じる。

それ故、人間は死ぬことも怖くなっていく。昔は人を好きになる時も、何かに対して怖い、悲しいという感情も毎回その感情の揺れ幅は大きく、何かあるたびに感情の幅で自分がヤラレる感覚があった。

今は、すごく近い関係の人が死んでもその感情の波紋、波の動きが遅く揺れ幅が広がらなくなっている。ある意味、事実として受け止められる強さを手に入れたとも言える。だから傷つかない。いいことか悪いことかはわからないが、感覚が麻痺しているのだろう。

若い時と歳を取った時の大きな違いは何か？　それは行動力、原動力の大小ではない。感動できる能力の差異だ。感動できる能力が高いうちに多くのことを見て、多くのことに感動する大切さを、歳を取った人はもっと若い人たちに教えるべきだ。逆に歳を重ねてでもその感覚をずっとキープし続ける努力をすることも同じく大事だということを忘れてはいけない。

声に出して自分の感情を確認することも大切だ。『すごいな…』と思えば声に出し「すごい！」と言う。そしてワクワクしている自分を自身で演出すること。自分の声を自分の耳でキャッチし脳に送って自らを盛り上げる。自分が自分を盛り上げる状況と環境を作っていかなければ、どんどん人生は盛り下がっていく。

ただでさえ、感情の波紋の揺れ幅が小さくなっていくのだから自分を熱く演出していくしかない。自分自身を感じさせろ。この本をここまで読んだオマエがもしボクと同じように感覚の波、感情の波紋が広がらなくなってしまっていると感じているのなら、諦めるのはまだ早い。

ボクでさえ、いまだにそれが小さくならないように、常に感動を声に出し自分の脳に届くように大きく、時にはわざとらしく振る舞いながらも自分自身に認識させる努力をしている。そしてそれは大きな効果となって50歳のボクをまだ楽しませてくれるわけだ。

人生は楽しいことよりも苦しいことや辛いことの方が多い。だが、それは悪いことじゃない。苦しかったことも、しんどかったことも、どんなことも結局、数年経って振り返れば笑いに変わっている。笑いに変えられるってことだ。それは自身の行動でなんとでもなる。オマエの人生が少しでも笑いに溢れたものであるように心から願っている。

少なくとも今はそうじゃないと思うのなら、ボクを今からでも追いかけてみればいい。一緒に歩いてみようぜ。ボクがオマエを笑わせてやる。オマエを笑顔にしてやる。一緒に笑おうぜ。どうせいつかはみんな消えていなくなるんだ。それまでの間、少しでも一緒に笑ってられる時間を共有できれば、生まれてきた意味だって感じられるはずだ。

生まれてきて良かった、出会えて良かったと。そう少しでも思ってもらえれば、今まであった様々なことが少し報われる。出会ってボクの人生に影響を与えてくれた人たちのように、少しはボクもオマエの人生に意味をもたらすことができたのなら、GACKTをやってて良かったと言えるだろ？

最後に、あまり堅い話でまとめるのは得意じゃないが、そろそろこの本もここで終わりだ。この本が少しでもオマエの人生の参考になると嬉しい限りだ。

ちなみに、編集長から聞かれた難しい質問、「GACKTの人生とは？」に対する答えだが…。うーん、意外と難しい。

きっとこんな感じか。

GACKTの人生は、

【振り返ればすべて笑い話】

装丁／平原史朗
マネージメント／合同会社VENUS
撮影／竹中圭樹
ヘアメイク／奥川哲也(dynamic)
スタイリスト／ Rockey
衣装／ HARAJUKU VILLAGE
編集部／栃沢穣、加賀田栞

自白《じはく》Ⅱ
2023年11月30日　初版第1刷発行
2023年12月5日　　　2刷発行

著　者　GACKT
発行者　城戸卓也
発行所　株式会社　光文社
〒112-8011 東京都文京区音羽1－16－6
電話　編集部03-3942-2245
書籍販売部03-5395-8116
業務部03-5395-8125
URL　光文社　https://www.kobunsha.com
印刷所　堀内印刷
製本所　ナショナル製本

Printed in Japan ISBN 978-4-334-10145-9 ©KOBUNSHA 2023